数据经济学

汤珂 熊巧琴 李金璞 屈阳◎编著

清华大学出版社
北京

图书在版编目（CIP）数据

数据经济学 / 汤珂等编著 . —北京：清华大学出版社，2023.1
ISBN 978-7-302-62351-9

Ⅰ . ①数… Ⅱ . ①汤… Ⅲ . ①信息经济学 Ⅳ . ① F062.5

中国国家版本馆 CIP 数据核字 (2023) 第 003714 号

责任编辑：梁云慈
封面设计：汉风唐韵
版式设计：方加青
责任校对：王凤芝
责任印制：宋 林

出版发行：清华大学出版社
网 址：http://www.tup.com.cn，http://www.wqbook.com
地 址：北京清华大学学研大厦 A 座 **邮 编：**100084
社 总 机：010-83470000 **邮 购：**010-62786544
投稿与读者服务：010-62776969，c-service@tup.tsinghua.edu.cn
质 量 反 馈：010-62772015，zhiliang@tup.tsinghua.edu.cn
印 装 者：三河市东方印刷有限公司
经 销：全国新华书店
开 本：170mm×240mm **印 张：**12 **字 数：**160 千字
版 次：2023 年 1 月第 1 版 **印 次：**2023 年 1 月第 1 次印刷
定 价：79.00 元

产品编号：096498-01

前言

数据作为一种生产要素

数字经济在中国和世界经济发展中扮演着日益重要的角色，数据的流动和交易已成为数字产业发展的基本趋势。德鲁克（1992）[①]曾提出世界经济已经从围绕物品和货币的流动转变为围绕信息的流动来组织。“数据是新的石油”已成为共识。中国信息通信研究院于2021年4月发布的《中国数字经济发展白皮书（2020）》显示，我国2020年数字经济增加值规模达39.2万亿元，占GDP比重达38.6%，占比同比提升2.4%；按照可比口径计算，我国2020年数字经济名义增长9.7%，是同期名义GDP增速的3.2倍，数字经济在国民经济中的地位进一步凸显，成为新型冠状病毒感染疫情冲击叠加全球经济下行背景下中国经济增长的稳定动力。另外，中国的数据要素规模增速领先，预计2025年将成为世界最大的数据圈。[②]

随着数字经济对经济增长贡献的不断增加，数据成为数字经济时代新的生产要素逐渐成为共识。Berczi A.（1981）[③]指出，一种资源能否被视为生产要素取决于六个标准：（1）存在供给；（2）存在

① Drucker, P. F. (1992). The New Society of Organizations. Harvard business review, 20, pp. 281–293.

② 参见Reinsel，D. 等 (2019)：《2025年中国将拥有全球最大的数据圈》。

③ Berczi, A. (1981). Information As A Factor Of Production. *Business Economics*, 16(1), 14–20.

需求；（3）有交易价格；（4）存在相对完善的市场体系；（5）与其他生产要素结合时能够增加产出；（6）资源的贡献递减。尽管数据资源目前尚未形成完善的市场体系，也缺乏流通与交易的基本理论、定价方法，但是在大数据时代背景下，其有丰富的供给，对数据资源的需求更是与日俱增，并且数据还能够有效提高劳动、资本、土地等传统生产要素的生产效率。另外，数据要素因其协调性、自生性等不同于传统生产要素的特性使其规模报酬可能会呈现出递增趋势（与 Berczi 的标准不同）。鉴于此，党的十九届四中全会审议通过的《中共中央关于坚持和完善中国特色社会主义制度、推进国家治理体系和治理能力现代化若干重大问题的决定》将数据增列为与劳动、资本、土地、知识、技术、管理等并列的生产要素，要求建立健全由市场评价数据要素贡献、按贡献决定数据要素报酬的机制。

近期，国家发改委创新驱动发展研究中心（数字经济研究发展中心）与清华大学服务经济与数字治理研究院联合举办了以“数据要素市场制度体系建设”为主题的专家研讨会。该会议指出并讨论了数据资产交易面临的大量亟待解决的问题，如数据资产化的前提、数据权属争议、数据资产交易与传统商品交易的区别、数据资产交易所需要的技术支持、数据交易机制设计、数据资产价值评估方式的确立和优劣比较、数据收益的分配原则、数据交易与个人隐私保护的矛盾、数据技术标准与基础设施支撑体系等。可以说，目前数据要素市场迫切需要形成包含权利责任、技术开发、管理制度和安全保护等方面的数据治理规则与制度体系，以及与社会主义市场经济相配套的数据要素资源配置体制机制设计。

本书结合产业发展前沿技术和数据要素市场现状，重点讨论了数据的公平交易规则、权利界定、交易机制、定价机制、标准制定、隐私安全和基础设施支撑等方面的问题，以期促进数据资产的自由流动，为构建更加完善的数据要素市场化配置体制机制、促进企业充分享受数据流通红利、保障个人隐私信息安全提出具体可靠的制度设计。

本书重点研究四个问题，数据权属界定、数据交易和分配、数据技术标准与基础设施支撑体系、数据安全与发展。这四个问题涉及数据要素市场和制度体系的基础理论。

第一部分“数据权属界定”，包括“数据界权的争议”和“如何界权”两章，从科斯产权与促进交易的辩证关系出发，对数据界权的争议、目的、考虑因素展开辨析，结合西方国家和我国相关法律法规基础，根据“场景性公正”原则，对个人数据，提出分别赋予数据内容提供者、数据收集者和其他数据需求者相应的有限制的分级分类数据权益；对公共数据，其所有权归国家所有，公众对通过合法途径获取的公共数据进一步加工形成的数据产品具有“有限制的占有权”；同时，对关乎国家安全、社会秩序的重要数据，国家的数据主权应当是国家主权在网络空间的延伸，这些重要数据应当为国家所有并采取目录式、备案制等方法进行重点监管。

第二部分“数据的流通”，从数据资产的非竞争性、低边际生产成本、可无限复制性、价值不确定性等特点出发，结合数据权属，对数据流通的难点、不同的数据流通方式、数据共享、数据资产的交易类型、数据资产交易的卖方策略及其影响因素、数据资产价值评估、数据资产收益的分配对象及分配额度等展开分析，包括“数据资产及其交易”“数据价值的经济学分析”和“分配理论”三章。

第三部分“数据技术标准与基础设施支撑体系”，包括“数据技术标准”和“大数据基础设施体系”两章，这两章对采集、传输、处理、存储、管理、分析等数据全生命周期的技术、行业标准和大数据基础设施进行了介绍。“数据技术标准”一章前四节分别从大数据通用技术标准、大数据产品标准、大数据行业应用标准、大数据安全标准等几个方面综述大数据技术标准体系，第五节则依据数据交易过程中面临的现实困境，对现有大数据国家标准体系提出建议。“大数据基础设施体系”一章则基于层级观点、基于数据流通生命周期的各个阶段分别介绍了基础设施层级、计算层级和应用层级。

第四部分“数据安全与发展”，结合脸谱网（Facebook）“剑桥门”事件、日本信息银行、中国数据分类分级管理实践等具体案例，再次聚焦个人数权与隐私、数据主权与国家安全这两个话题。最后还对数据安全和发展进行了总结和展望。

本书既可作为对数据要素感兴趣的读者的科普读物，也可以作为高校经济学专业高年级本科生或者研究生的教材或者参考书目。本书分八章，每章 2 个学时，共 16 学时。本书也可作为“数字经济学”课程部分内容的授课教材。

数据是数字经济的血液，利用数据人类可以创造出无尽的知识，而知识的积累是推动经济发展的源泉。本书从数据的特点出发，旨在使读者厘清数据的权属现状和争议，理解数据交易和定价的基本原理，掌握数据经济的基本规律。

作者

2021 年 12 月 3 日

目录

第一部分　数据权属界定

第二部分　数据的流通

第三部分　数据技术标准与基础设施支撑体系

第四部分　数据安全与发展

第一部分

数据权属界定

第一章　数据界权的争议

第一节　产权与交易的争议

由产权界定（delimitation of rights）衍生出来的规则和机制决定着人们对生活资料、社会财富的需求，而这会进一步导致人们的经济行为在不同产权制度、不同产权结构下发生根本性变化（季建林，1993[①]）。主流观点认为清晰的产权界定是交易的基础。产权明晰能够为生产要素的商业社会生产所产生的产品和服务的价值收益提供合法、明确的分配依据和规则，从而通过给予产权人经济激励等方式，促进生产和交换。科斯定理作为产权理论、制度经济学的基石，开启了经济学的新纪元，但产权界定明晰是否一定能促进生产和交易呢？何种条件下，界权是比不界权更好的安排？如何界权才能促进数据市场的发展、社会总福利的提高？

一、产权制度及其意义

科斯定理是产权理论的基础与代表。20 世纪五六十年代，科斯（R. Coase）系统性阐释了产权及其必要性和重要性。其代表作为 1960 年发表在《法与经济学杂志》上的《社会成本问题》一文。该文讨论了养牛场与麦田的产权问题：如果养牛场和麦田互相隔离、互不相扰，那么牧民和农民都将独立地进行生产决策。但如果养牛场和麦田彼此之间没有栅栏，这时牛多半会吃掉隔壁的小麦，此时，牧民

① 季建林 . 产权与分配若干关系考察 [J]. 江苏社会科学，1993(04):8-12.

的牛在为自己带来效益的同时，还额外损害了农夫的种麦收入，也就出现了“外部性”。如何解决养牛和种小麦之间的这部分“外部损害”呢？科斯认为可以通过市场界权来解决这个问题——假定产品市场价格一定，根据社会总产值最大化的原则决定将土地的产权界定给养牛者抑或是农夫。于是有了如下经典理论：

> 当交易成本为零时，产权的初始界定并不重要，相关产权主体会通过市场机制有效纠正无效率的权利配置。当交易成本为正时，产权的初始配置将影响权利的最终配置，可能导致非帕累托最优的资源配置，此时如何界权应该取决于如何才能使得社会总产值最大。

相比于传统的“庇古理论”解决方法（引入第三方市场参与主体政府进行市场干预），科斯提出了方法上的突破，将“如何制止 A 损害 B”的监管问题转化为“如何在社会福利最大化的前提下决定谁来承受损害，谁来弥补对方的损害”，从而以市场效率为导向内生化解决了非效率的外部性。通过将产品市场的外部性问题转为要素市场的产权配置，科斯成功化解了包括外部性在内的市场失灵问题，产权制度由此成为保障资源配置有效性的重要前提。

二、从数据交易重新认识科斯定理

1. 科斯定理的三个前提

科斯定理至少隐含了三个前提。

第一，市场交易本质上是有成本的。就科斯定理本身的含义来说，学界阐释最多的是前半部分（Coase，1981[①]；Kahneman 等，

---

① Coase, R. H. (1981) “The Coase theorem and the empty core: a comment”, *The Journal of Law and Economics*, 24(1), pp. 183–187.

1990[①]），即交易成本为零时，权利的初始界定并不重要。但科斯自己却对此现象深感失望（Shirley，2013[②]），因为在科斯理论中，无交易成本只是一个参照系，真正值得讨论的是世界的真实状态，也即存在交易成本的状态。在这个状态下，权利的初始配置将影响到社会总福利的变化，数据要素也一样，数据归属于平台、个体或者政府、社会可能会导致最终的权属形态、数据市场生产发展水平的质变。

第二，不同行为主体使用同一资源时所产生的价值是有区别的，但问题是谁来发现最有能力使用该资源的主体？科斯在讨论交易成本的同时，又忽略了界权的成本。根据范翠红（1996）[③]的研究，界权成本至少包括两部分：排他性成本和内部管理成本。其中，排他性成本又可进一步分为解决权利边界、归属等的界定成本，以及共同拥有产权的所有者的决策、行动成本。立法和司法本身都伴随相应的社会成本，例如立法过程中涉及信息成本、评估成本等，司法过程则产生执行成本[④]、适应成本[⑤]等，产权界定亦如此。界权的边际成本通常是递增的，而交易成本往往与界权成本存在负向关系（凌斌，2010[⑥]），因此模糊产权和明确产权孰优孰劣，还需要考虑界权成本和收益的对比关系。

将内部管理成本对应到数据交易领域，如果将数据权利明确界定给挖掘数据的平台企业，那么承受数据界权成本的一方将是广大的消费者，这势必会进一步提高消费者获得补偿过程中的系列维权成本。消费者联合维权的交易成本和获得补偿的相互抵消等会致使消费者很

---

① Kahneman, D., Knetsch, J. L. and Thaler, R. H. (1990) "Experimental Tests of the Endowment Effect and the Coase Theorem", *The Journal of Political Economy*, 98(6), pp. 1325-1348. doi: 10.1086/261737.

② Shirley, M. M. 罗纳德·科斯 : 1910-2013[J]，经济资料译丛，2013(04).

③ 范翠红 . 产权理论批判 [J]. 上海经济 ,(1996)(01):29-31.

④ 参考 Posner,supra note 39,p.52.

⑤ 波斯纳 . 法律、实用主义与民主 [M]. 凌斌、李国庆译 . 北京：中国政法大学出版社，2005：152.

⑥ 凌斌 . 界权成本问题 : 科斯定理及其推论的澄清与反思 [J]，中外法学，2010(01):104-121.

难产生集体行动，从而让“个体和平台之间的数据权属由市场自动调节”成为空谈。

第三，“权利应该配置给那些最能富有生产性地使用要素的人”（科斯，1960[①]）。这意味着稀缺要素才具有赋予产权的必要，如此才能降低交易成本，促进生产。在这个走路、喝水都会被各种软件采集数据的数字时代，数据资源从体量上来说已较难被归属于稀缺资源。另外，由于数据的可复制性，数据可以无限供给，因此数据生产的边际成本很小，在这样的情况下，相比于清晰的界权和独占，也许适度强调数权的公共资源属性、设计有利于共享的权益配置，才能促进“数尽其用”。

2. 明晰产权是否必然促进交易

主流产权理论通常默认只要有明晰和稳定的产权，市场就能够自动解决交易问题。所以，大多数文献讨论数据界权的前提，也即明确数据权属是促进数据交易的基础。但是，数据界权是否能自动解决数据的流通和交易问题？

罗必良（2017）[②]等通过对土地这种具有人格化财产属性的要素的实证研究表明，界权并不能促进土地要素的租赁和买卖。熊彼特（1939）[③]认为土地具有人格化财产权的特点，使得农民对土地持有一种情感价值，即便两块土地的任何条件都是一样的，他们总认为自己土地的价值要比别人的高。Thaler（1980）[④]、Radin（1982）[⑤]将此定义为“禀赋效应”，也就是若个体的某产权（其所有的某资源等）

① R. H. Coase（1960），“The Problem of Social Cost,” in C. Gopalakrishnan, eds., *Classic Papers in Natural Resource Economics*, London: Palgrave Macmillan, pp. 87-137.

② 罗必良 . 科斯定理：反思与拓展——兼论中国农地流转制度改革与选择 [J]. 经济研究，2017(11):178-193.

③ 熊彼特 . 经济周期循环论：对利润、资本、信贷、利息以及经济周期的探究 [M]. 叶华，译 . 北京：中国长安出版社，1939.

④ Thaler, R. H.(1980). “Toward a Positive Theory of Consumer Choice”, *Journal of Economic Behavior and Organization*，1：39-60.

⑤ Radin, M. J.(1982), “Property and Personhood”，*Stanford Law Review*, 34: 957-1015.

损失所造成的痛苦难以通过其他替代品减轻，那么该产权就与其持有者的人格密切相关，此时人们对其拥有的物品的价值评价也更高。简言之，人格化财产的禀赋效应更强。因此，强化人格化财产的产权强度，反而可能抑制市场化交易。

在人格化属性方面，数据相比土地要素有过之无不及。数据本身就是在人的系列行为活动中产生，且数据中往往还包含个人信息和隐私等高人格化属性的内容。这导致人们对其个人数据的估值将会更高，此时按照科斯的产权安排对数权进行明确界定，往往会导致个体不愿意个人数据参与流通，反而不利于数据交易的发展。

3. 生产要素的界权

一般认为，明确性和专有性产权才是保证经济高效率的基础。首先，权属归谁是明确的；其次，权利是专有的，由这一权利所产生的所有报酬和损失都直接与这个权利主体相关。当界权对象涉及生产要素时，其价值通常是多种因素的函数，比如数据产品的价值包含数据本身、挖掘整理和数据产品设计所凝结的劳动和知识等多种因素，且同一个数据集因其开发用途、使用者的异质性可能价值会有天壤之别。这就引发了另一个问题——如果一项资源的形成包含了多个主体的心血或者多种资源的配置，此时产权界定给谁是恰当的呢？

数据要素和土地要素有不少相似之处，尤其是二者都具有极强的公共属性，中国土地的所有权是国家或集体的，而数据的非竞争性以及数据创造价值对数据共享的需求，使得过度强调数据主体的所有权并不能有效促进数据的交易和流动。罗必良（2017）[①] 在对土地问题的解决方案中提出进一步细分农地经营权，将原始土地权、经营管理权、生产操作权进行拆分和分离，从而提高中间产品（服务）的生产性主体的积极性，能够进一步拓展交易空间。他认为，产权细分的赢

① 罗必良. 科斯定理：反思与拓展——兼论中国农地流转制度改革与选择 [J]. 经济研究，2017(11)：178-193.

利机会能够被企业家发现，科斯等人认为只有明晰产权才能促进市场交易，忽视了企业家才能及作用机制。这也为数据要素的界权提供了思路——赋予数据主体“有限制的控制权 / 所有权”或者“模糊所有权并细分数权”，为数据市场的参与者界定细分的数据权利，发展“一数多权”，在保障各类数据市场参与主体的核心权益的同时，减少限制数据流动的因素，促进数据交易。

同时，模糊所有权和细分数权在法律上也具有可操作性。根据连玉明（2019）的《数权法》系列丛书，民事关系中所有财产流转的实质均是权利的让渡，因此，只要在法律上界定了数权和数权归属，就可以不囿于物和所有权的框架，从细分的数权归属、细分数权的让渡来理解数权和数据交易。这就为上述从科斯定理出发，对数据要素界权的经济分析结论提供了实践和法律基础。

第二节　数据界权的要义

一、数据界权的目的

有学者提出由于数据权利化难以实现，且数据具有非客体性，数据交易应适用于合同法（梅夏英，2016[①]）。但近几年，随着国家对数据市场建设的推动、数据界权的广泛讨论，通过数据界权来促进数据要素交易的理论和实践已经逐渐系统、完善，并成为比仅依托传统合同法更有效完备的方案。2021 年 6 月，我国新通过的《中华人民共和国数据安全法》（以下简称《数据安全法》）指出，“国家坚持维护数据安全和促进数据开发利用并重，以数据开发利用和产业发展促进数据安全，以数据安全保障数据开发利用和产业发展”。可见，数据界权需要在保障数据安全的基础之上，促进数据价值的开发、数据资产的利用和数据要素的合法流通。同时，个人数据的确权和交易

① 梅夏英 . 数据的法律属性及其民法定位 [J]. 中国社会科学，2016(09)：164-183+209.

需要平衡“个人权利保护”“数据流动”和“经济的发展”[①]。

1. 促进个人权利保护和数据流动

促进数据的利用和交易已经成为全球各个国家和地区数据立法的共识。就连素以强调数据人格权、严格管控数据流通的欧洲，近几年都逐渐开始转向鼓励数据的交易和共享。例如，2018 年 4 月发布的《欧洲企业间数据共享研究报告》强调要推动企业间的数据共享，发展欧洲数据经济；2018 年 10 月，欧盟又再次通过了《非个人数据在欧盟境内自由流动框架条例》，该条例设计了欧盟境内数据存储和数据处理活动的基本框架，以期为非个人数据的广泛流动“保驾护航”。

数据市场的参与主体主要包括：原始数据的提供者消费者个体、数据挖掘收集平台企业 / 政府、其他数据需求企业，以及国家主体。促进数据的交易需要考虑到数据界权在以上几个主体之间的合理配置，既要保障其数据基本权益，激励他们生产和供给数据产品，创造数字财富，也要保障数据资源的流动，减少数据垄断的危害。

涉及个人数据，必然绕不开原始数据的提供者——消费者个体。消费者个体最基本的诉求是保障个人隐私等基本权益不受侵犯，当下市场环境对消费者个人信息的采集和利用主要是通过合同法完成，比如使用任何商家提供的产品和服务之前会签署知情同意书，以此来为个人数据的取得、维护和可能的争议解决提供法律依据。虽然合同法体系理论上建立在双方知情同意的基础上，但实际操作中，额外的信息成本和执行成本却使得消费者保护、维护自己的合法权益十分困难。

第一，消费者需要支付额外的信息成本才能了解每一项合同条款对其个人数据的使用说明。通常情况下，平台与个人签署“一揽子同意”协定之后，消费者才被允许使用该产品或服务。协定里通常会说明平台将收集和处理哪些个人信息以及其用途，而该产品或服务则相当于平台为个人信息支付的对价。因此，消费者事实上只有两个选择，

① 参见何渊：“我国数据立法亟待解决的三个核心议题”，澎湃新闻，2020 年 1 月 16 日，https://www.thepaper.cn/newsDetail_forward_5518879，2020 年 7 月 21 日。

接受协议、出让个人信息，或者拒绝协议、不使用该产品或服务。在替代品有限的情况下，协议的签订难以建立在公平的基础之上。另外，“一揽子同意”导致绝大多数消费者并不会逐条审阅和思考协议中的条款，而且考虑到知识背景和信息不对称的存在，消费者即使有精力、有时间去逐项审查、理解协议条款，也难以像平台企业一样准确地解读协议内容，此外，一般协议里会注明平台企业拥有最终解释权。

第二，合同法在保障消费者个人隐私方面还存在额外的执行成本。绝大部分执行成本来源于集体行动的困难。由于正外部性和高额的诉讼费用等因素，消费者个体很难或不愿在发生隐私侵犯问题后主动选择法律途径。另外，数据在产生、收集、加工、传输的过程中，经历了众多的生产环节和主体，消费者很难明确是哪个环节泄漏了自己的隐私或侵犯了自己的合法权益。这进一步增加了追责的困难程度。

不难发现，仅仅依靠合同法并不能有效解决消费者隐私保护等重要问题，也很难从根本上保护消费者的合法权益。因此，需要通过完整、系统的数据权属体系，来明确数据流通全过程各主体的权责，从而保障个人信息权益。

除了基本的隐私权外，数权是否应当赋予个人还需要考虑其他方面。

一方面，赋权最重要的功能之一是激励生产者，以求“有恒产者有恒心”。那么是否有必要给予消费者个体一定的经济激励来刺激消费者生产更多的数据呢？购买历史、出行方式等通常是个人行为的副产品（Veldkamp，2005[①]；Ordoñez，2013[②]），因而消费者并不需要额外的激励，日常的行为生活自然就会产生真实的数据，也没有必要刺激消费者生产非真实意愿下的行为数据。此外，一般而言，只有大量数据集合形成的大数据才具有可开发的经济价值，单个数据的边际

① Veldkamp, L. L.(2005), “Slow boom, sudden crash”, *Journal of Economic Theory* 124(2): 230-257.

② Ordoñez, G.(2013), “The asymmetric effects of financial frictions”, *Journal of Political Economy*, 121(5):844-895.

贡献趋近于零，应当支付消费者个体多少对价是难以估量的。

另一方面，在经济激励之外，数据需要赋权给个人的原因在于，数据本质上是伴随着人的生活行为而产生，以个人信息聚合为基础才生成了数据。因此，数据具有人格属性（姬蕾蕾，2018[①]），数权是人格权的体现之一。因此，应当承认个体享有基本的数据权益。

但是，赋予原始数据权利主体绝对的所有权，是否真的能有效保护其个人基本权益呢？答案是未必。由于隐私保护意识的缺失等原因，强势一方（比如企业）很容易通过合同、协议将个人的数据所有权以低价甚至免费地“交易”到自己手中，从而使得通过绝对权保护个体沦为“纸上谈兵”。同时，由于原始数据权利主体和数据挖掘收集者都对数据要素的形成提供价值基础，且数权的人格属性具有“禀赋效应”，这都意味着原始数据主体所享有的权利应当是“有限制的权利”，同时辅以“个人信息保护法”“反不正当竞争法”（如该法第 12 条）等其他法律工具[②]来落实个体的数权。

如果说个体在数据要素形成过程中提供了原始信息内容，那么数据市场交易的另一个重要参与者——数据的原始收集者，则通过收集、加工整理形成大数据，从而令数据要素的价值产生了质变。那么，是否需要赋予数据收集者一定的数据权利呢？应当赋予怎样的数权呢？

一方面，既然数据原始收集者在数据产品的形成中贡献了价值，按照价值贡献决定分配的原则，数据原始收集者本身就应当享有一定的数权。同时，正所谓“有恒产者有恒心”，只有承认并依法保护数据原始收集者的数权收益，尤其是数据中所包含的潜在商业价值、商业机密、知识产权等竞争性财产权益，该群体才有稳定积极的动力继

---

① 姬蕾蕾 . 数据产业者财产赋权保护研究 [J]. 图书馆建设 ,2018(01):54-59.

② 例 如 , Thomas Hoeren, Dateneigentum Versuch einer Anwendung von § 303a StGB im Zivilrecht, MMR 2013, 486; Thomas Hoeren (hrsg.) , Big Data und Recht, C.H.Beck, München, 2014, S.11-37; Wolfgang Kerber, A New (Intellectual) Property Right for Nonpersonal Data? An Economic Analysis, GRUR Int. (Gewerblicher Rechtsschutz und Urheberrecht Internationaler Teil) , Heft 11, 2016, S.789-799.

续在数据要素市场中从事数据收集、生产和加工，从而推动数据市场的形成与繁荣。

另一方面，是否要赋予数据原始收集者绝对的控制权呢？从经济学角度来说，由于市场竞争的存在，企业并没有动机主动共享数据。近几年，层出不穷的数据争夺战引起广泛热议。比如中国的华为与腾讯的数据之争[①]、顺丰与菜鸟的“接口门”事件[②]、新浪诉脉脉案[③]，美国的Craigslist 诉 3Taps 案[④]、hiQ 诉 领英案[⑤]等。此外，2018 年 3 月，央行试图呼吁各金融、互联网机构共享和上缴数据，来建立统一的个人征信系统，即百行征信，但实际推进速度与效率差强人意，即便百行征信自身股东机构，也不与百行征信分享数据。[⑥]这些数据争夺战和不甚成功的由政府主导的数据共享案例无一不表明，在数据权属不清和赋予数据原始收集者绝对控制权的情况下，数据共享将会十分困难。虽然数据共享可以让每个企业更准确地了解市场，但企业之间信息的同质化将导致企业策略相关性的变化。例如，当某企业观察到市场低需求信号，并分享给他人时，它就减少了其竞争对手“过度生产”的可能性，这可能增加公司利润；然而，当它观察到高需求信号并披露时，它就减少了其竞争对手“生产不足”的可能性，从而减少了公司的利润。因此，虽然第一个效应（准确性）可能是有利可图的，但第二个效应（策略相关性）却可能损害单个企业的利润。企业的数据分享动机很大程度上取决于由信息披露引起的策略相关性的变化。Raith（1996）[⑦]总结道，

---

① 参见《华为 vs 腾讯大数据之争谁拿走了用户的个人数据？》，来源：http://tech.sina.com.cn/i/2017-08-15/doc-ifyixtym4580079.shtml，2020 年 12 月 5 日访问。

② 对于顺丰与菜鸟之争的简单介绍，参见百度百科 - 顺丰菜鸟之争，来源：https://baike.baidu.com/item/ 顺丰菜鸟之争 /20830652?fr=aladdin，2020 年 12 月 5 日访问。

③ 参见北京淘友天下技术有限公司等与北京微梦创科网络技术有限公司不正当竞争纠纷二审民事判决书，(2016) 京 73 民终 588 号。

④ 参见 Craigslist INC. v. 3Taps, 942 F.Supp. 2d962 (2013).

⑤ 参见 HiQ Labs, Inc. v. 领英 Corp., No.17-16783(2017).

⑥ 吴红毓然、胡越．2 万亿联合贷款挑战 [J]. 财新周刊，2019，第 41 期．

⑦ Raith, M. (1996) “A general model of information sharing in oligopoly”, *Journal of Economic Theory*, 71(1), pp. 260–288. doi: 10.1006/jeth.1996.0117.

在需求不确定的古诺和伯川德竞争下，只有当企业面临的市场需求/成本不相关、信号完美或者存在策略互补（strategic complements）时，企业才会主动共享信息；其余情况下，企业的数据分享动机则十分模糊，只有当数据共享带来策略相关性之后，仍有利于企业利润，企业才会分享数据。虽然随着人工智能相关技术和隐私保护需求的发展，联邦学习（Federated Learning）等分布式机器学习方案的出现推动了“知识共享而数据不共享”[①]，但在平台或消费者拥有数据资产的情况下，数据流通参与者的动机和最优决策并不会发生根本性变化。同时，考虑到需要防止数据垄断巨头对市场的潜在福利损害，以及需要重视数据的公共属性、原始数据主体的数权，在保障数据收集者的竞争性财产收益等权益的同时，其数权也应当是有限制的。

与数据原始收集者相对应的，市场上还存在着大量的其他数据需求企业。推动数据流动和价值创造的关键还在于，促进数据原始收集者和其他数据需求方之间的数据交易和共享。当其他数据需求方对数据的运用不与数据原始收集者构成商业竞争，有其他的公益、公共设施目的，或者是非竞争目的的更进一步加工、价值创造时，应当为数据在不同市场主体之间的交易和共享创造更充分的初始数权配置制度基础和市场环境。

2. 保护数据安全

保护数据安全与促进数据流动相辅相成，数据安全是数据合法交易的基础。在数字经济下，数据已经渗透到经济社会、科学教育、国防军工等各个领域，成为和土地、海洋资源等自然资源一样的国家战略资源。“棱镜门”事件充分体现了美国利用数字技术优势窃取他国机密、威胁其他国家数据安全的事实。因此，数据界权还必须要考虑数据安全，即在数据安全的前提下展开界权。

① 参见“白皮书重磅发布|37页文档洞察联邦学习发展势态”[EB/OL]. 2020年4月8日，https://mp.weixin.qq.com/s/p87gvyBBR1ww1GSFEKtneg，2020年10月21日。

数据安全的核心主要包括以下几个方面：隐私安全、秩序安全、社会安全和国家安全等。其中，隐私安全是数据安全中被普遍讨论的话题。事实上，隐私安全仅仅只是个人数据核心权益的一部分。隐私是发生在私人空间的未主动向社会公开的私人信息和活动；而个人信息包含隐私信息，同时也包含已经向社会公开的信息（连玉明，2018[①]），比如社交平台上的个人动态、拍卖市场上的共同定价行为数据等。维护国家和社会网络安全，强化数据采集、存储、流通、使用等全生命周期环节的安全治理，应对各种非传统的国际国内网络安全威胁，比如攻击、泄漏、窃取、篡改、非法使用、域外侵权和犯罪等，乃数据安全的重中之重，关乎国家和公共利益。

目前我国现有法律体系中对大数据的监管尚处于起步阶段，数据界权的立法和执法是保障数字秩序安全的基石。数据界权的落实，将为数据主权、数据安全提供基础。此外，如果说数据的自由交易体现了亚当・斯密的“看不见的手”，那么数据安全离不开政府干预这只“看得见的手”。必要的政府监管应当在数据要素的全生命周期中加以贯彻，同时还应当借助区块链、人工智能等技术手段和制度程序来落实维护数据安全。

3. 数据主权

国家是数据市场的另一大重要主体，数据主权是数据安全的重要内容，同时也是国家主权的体现。随着大数据经济的发展，“新一轮大国竞争，在很大程度上是通过大数据增强对世界局势的影响力和主导权”[②]，国家和地区对数据主权的控制不断加强，国家和地区之间在数据领域的博弈逐渐激烈，许多国家和地区开始进行“数据本地化”“国家数据控制权”“数据保卫战”等立法活动。[③]

---

① 连玉明 . 数权法 1.0：数权的理论基础 [M]. 北京：社会科学文献出版社 .

② 苗圩 . 大数据：变革世界的关键资源 [N]. 人民日报，2015 年 10 月 13 日，第 7 版。

③ 付伟 . 全球数据治理体系建设与中国的路径选择研究，大数据和人工智能法律研究院，https://mp.weixin.qq.com/s/NnJm62g-be76aiGWge8_cg.

一方面，部分国家限制特定领域的数据出境，或者严格审查数据出境要求。澳大利亚、俄罗斯明显倾向于“数据本地化”，美国则出台多项法律法规来实现国家对数据主权的控制。白宫方面不但通过《出口管理条例》（Export Administration Regulations，EAR）严格禁止军事等特定领域的关键技术参数数据及数据库的出口，而且还通过《外商投资风险评估现代化法案》（Foreign Investment Risk Review Modernization Act，FIRRMA）要求电信业等核心领域的外商必须将基础设施设立于境内、重要数据储存在美国本地，甚至还限制外资投资高科技领域，以防数据和技术扩散风险。

另一方面，有的国家和地区还确立和增强执法机构获取域外管辖区数据的权力和能力。例如，欧盟《电子证据跨境调取的议案》提出，基于安全和执法需要，欧盟可以直接向境内运营企业要求调取其储存在欧盟境外的数据。2018 年，美国国会通过《澄清境外合法使用数据法》（Clarifying Lawful Overseas Use of Data Act，CLOUD 法案）。该法案以“数据控制者”模式取代“数据属地管辖”模式，使得美国执法机构有权要求在美国运营的主体提供其在美国境外存储的数据。

在大数据时代，数据主权是国家安全、经济和社会发展的重要基础，因此在涉及国家社会安全、公共利益的时候，数据主权神圣不可侵犯。同时，要维护公民个体和企业的数权，同时积极推动有利的跨境数据流动。

二、考虑因素

上一节对数据界权目的的讨论已经隐含了界权需要考虑的诸多因素和这些因素之间的权衡，以下将核心的观点分别列述。

1. 人格权的保护

保护包含隐私权在内的人格权是法学、哲学、社会学等领域对数据界权的重要参考依据，也是欧洲等地区现行数字经济法律法规的基础。保护数据中的基本人权是数据界权的首要目标，而数据界权是落实“谁使用谁负责”、权责一致以及事后追责的基础，是保护数据人格权的有效途径。

个人数据是人的各项生活行为的衍生品，个人数据的个人信息部分具有产生者的人格属性，其所蕴含的基本人权不受侵犯，包括但不限于人格权益、经济收益和精神收益等。如何通过合理的权属细分和配置，保障数权中的基本人权神圣不受侵犯是数据界权的首要考虑。

“数据人”是大数据时代的基本单元，由于人类在数据采集、存储、加工和流通等各个环节的活动强度和技术能力达到前所未有的高度，大数据时代对保护人权的威胁和随之而来的要求也“水涨船高”。首先，超高的数据收集强度和能力使得“数据人”的一切生活行为数据皆被各式各样的公司、平台收集，不仅可能包含直观的隐私风险和潜在价值，通过不同时段、地域、个体的数据集合分析能推算出更多甚至连个体自己都尚未意识到的个人信息。正所谓大数据时代下“人人都在裸奔”，如果不在数据的全生命周期界定数权主体和责任主体，隐私泄漏、数据人权受侵犯的风险将进一步加大。其次，大数据技术的发展突破了探测数据隐私的物理界限和时间限制。过去只有进入房间才可探测到住宅内部信息，当前感官增强技术的发展使得“足不进户”即可窥伺他人隐私信息成为可能。最后，互联网的永久存储性、扩散性等让数据隐私被侵犯的潜在可能时间延长到无穷尽的未来。因此，以数据界权为基础，明确谁使用数据谁负责、充分脱敏和匿名、加强隐私保护技术以及完善的侵权追责和补救机制，是十分必要且重要的。

事实上，由于数据权属、数据监管等法律法规尚处于起步阶段，我国目前的大数据采集、使用尚处于法律的灰色地带。这使得当下对于个人数据基本权利的保护仍有不足，个人数据泄漏、侵犯人权等现象时有发生。中国互联网协会《中国网民权益保护调查报告 2016》显示，2015 年下半年至 2016 年上半年期间，网民因垃圾信息、诈骗信息、个人信息泄露等遭受的经济损失逾 900 亿元。数年过去，数据中的人格权受到损害的问题并没有得到较大改善。百度“中国人愿意用隐私换便利”、2020年年末发生的圆通快递40万名用户数据泄漏[①]等事件充分反映出数据滥用、权责不到位、社会福利严重受损的现状。可见，审慎构建个人、企业和国家的数据权利体系迫在眉睫。

2. 成本收益视角

成本收益分析是经济学对是否有必要构筑一项制度的权衡标准。数据界权需要考虑的成本主要包括两个层次：一是本章第一节从科斯定理讨论产权与交易之时曾总结的，模糊产权和明确产权孰优孰劣需要考虑界权成本和收益的比较；二是界权本身需要考虑个体数据人格权、数据交易价值开发、数据安全等多项成本的取舍和权衡，在不同数据市场参与主体彼此之间的利益期待相互冲突之时，一方权益的保护往往意味着另一方权益的损害。为方便论述，下文将其分别称作第一层成本和第二层成本。

第二层成本收益分析是涉及具体界权时需要着重考虑的，其核心目的在于确保促进数据流动和保护数据安全最大可能地实现。就公共数据（国家安全和国家机密数据是数据主权的范畴）而言，比如独立存在的气象、水文等自然数据，或者完全公开的社会数据、政府数据，由于其具有非竞争性的特点，因而不涉及额外的权属争议，此时数据所有权属于国家和社会，在确保使用者合法采集和利用的基础上，促进其无障碍的共享和交易才能够最大程度上实现数据的价值。就个人数据而言，数据界权需权衡好具体细致的权属配置所伴随的隐私等人格权保护、原始数据生产者和收集者的财产性权益变化、数据交易的社会价值和福利、数据安全等多项成本和收益，在最大化社会福利的基础上赋予各数据主体必需的数据权利、权益，明确各数据主体权利、权益的边界以及数据收集者、加工处理者、使用者等数据市场参与者的责任与义务。

---

① 参见虎嗅网：圆通40万用户信息泄漏，真是“内鬼”搞的鬼？https://m.huxiu.com/article/398031.html. 2020年12月5日访问。

第二章　如何界权

第一节　不同国家和地区的理论与实践

大多数国家和地区对数据主权、个人数据有独立的法律规定。对于个人数据，主流趋势是模糊数据所有权，自然人作为独立主体，其基本人权由个人信息保护制度进行保障，强调数据的使用权、控制权或介入能力。《世界人权宣言》第 12 条所确立的隐私权是西方国家个人信息保护制度的共同渊源，它是自然人的天赋人权，是独立个体的自由或尊严的法律保障，其核心假设为个人信息是自由（可以使用）的。[①] 总的来说，个人控制论是西方国家个人信息保护的理论基础，以个人尊严或自由为依据，强调个人对个人信息的控制。不同的是，欧洲要求企业使用个人信息满足法律明确规定的六项合法性基础（见下文）；而美国则相对更加宽松，并未对此做出明确规定。我国目前也取得了较大进展，出台了多部法律维护个人数据安全，例如《中华人民共和国数据安全法》《中华人民共和国个人信息保护法》等。不同国家和地区实现个人信息保护的具体法律规定和操作方式有所区别，一定程度上导致了数字经济乃至经济整体发展程度的差异。

---

① 参见律商联讯：数据开放与数据权属之问。http://www.cbdio.com/BigData/2020-07/03/content_6157941.htm，2020-07-03，访问时间：2020 年 12 月 5 日。

一、欧盟

欧盟通过区分“个人数据”和“非个人数据”二元结构的方式来实现自然人人权的保护和数据流动、开发的平衡。对于任何可识别的“个人数据”，其权利严格归属于自然人，自然人享有个人数据全生命周期的绝对控制权；对于个人数据以外的充分匿名、不可识别的“非个人数据”，企业享有非绝对的“数据生产者权”。

在个人数据方面，欧盟全面保护数据主体的控制权，代表法案为2018年5月25日开始生效的《通用数据保护条例》（General Data Protection Regulation，GDPR）。其管辖范围为欧盟所有成员国，同时绝大多数欧盟成员，除了希腊、斯洛文尼亚，均通过不同形式将GDPR纳入既有法律体系之中。GDPR赋予了数据主体对个人数据的基本人权维护的防御性权利，同时还努力实现个人数据的积极性权利。这些权利包括知情同意权、访问权、更正权、拒绝 / 限制处理权、删除权（被遗忘权）、数据可携权等。

其中，知情同意权主要包括两个方面。一是在企业收集个人数据的过程中，应当告知数据主体收集类型、处理目的、合法性基础、存储期限（在无法确定具体时间的情况下应提供确定存储期限的标准）、安全保障措施、数据主体权利等信息。二是企业以商业为目的从公开渠道获取个人信息时，应采用一切可行的方式告知数据主体，否则除非能证明穷尽了所有可能办法还无法告知数据主体，才能正式使用数据。

访问权指的是个体有访问下载被企业收集的个人数据的权利，这意味着个人数据的格式应当是结构化、通用化和可机读（machine-readable）的；且当数据主体行使该权利时，企业要在一个月内进行响应，特殊情况可以延长到两个月。

更正权指的是如果数据主体要求更正错误的个人数据，企业应当及时更正相应的信息。

拒绝 / 限制处理权指的是，当数据主体质疑数据准确性、处理是否合法等，或者不希望企业使用数据进行广告营销、自动化决策等时，数据主体有权限制或拒绝企业使用其数据。且 GDPR 第 22 条还规定，即便获得个人同意，企业在利用个人数据进行自动化决策等系列商业活动时，也应当实施恰当的措施保护数据个人的权益，确保当事人人为干预、表达观点和拒绝等权利。

删除权（被遗忘权）和数据可携权有必要重点说明。删除权指的是只要数据主体撤回同意，要求企业删除其个人数据，或者当完成相应数据使用目的之后，企业就应当及时清除相关的数据。删除权赋予了个人极强的数据权利，个人可以完全决定其个人数据是否要被企业采集和使用。

数据可携权同样强烈体现了欧盟对自然人权的推崇。它指的是在访问权基础上，数据主体有权要求自己授予数据原始收集者的个人数据，转移给其他数据需求者，这意味着只要基于数据主体同意或其他合法性基础，企业就必须要服从个人提出的个人数据自由流转的要求。

在充分保障数据主体对个人信息的全生命周期控制权的同时，企业对个人数据的处理也受到了严格的限制，必须满足以下基本原则：

• 合法、公平和透明原则。第一，企业直接采集处理个人数据需要获得个人的“同意”。有法律约束效用的“同意”需满足以下条件：自愿前提且可以自由要求，这意味着在雇佣关系等双方地位不平等的条件下，“同意”须谨慎使用；满足明确、具体性，“一揽子授权同意”是被禁止的，企业获取不同处理行为和目的的个人数据须分别获取相应的“同意”。第二，企业间接收集、使用个人信息时，需要对数据原始收集方所获的数据个体授权情况和范围进行核实，如果个人一开始并没有赋予数据原始收集者转让该对应数据的权利，需再次获取数据主体的同意或者具备其他合法性基础。第三，当任何一项新技术投入使用时，应当重新对个人数据可能的风险进行评估并做出相应的改进对策。

• 目的限制原则。企业在获取个人数据之前应当对使用目的进行明确说明，对已获取的数据不能用于协定说明之外的其他目的。

• 最小范围原则。企业对个人数据的使用要遵守数据最小化原则，充分满足目的相关、相称、充分性。

• 准确性原则。企业在使用个人数据的过程中应当注意维护数据的准确性，不可随意篡改数据。

• 存储限制原则。企业在以可识别形式存储个人数据时，不能超出完成处理目的所需的时间限制，完成相应目的后，通常必须删除或匿名该个人数据。

欧盟对企业违法处理个人数据的处罚案件量同样也居世界前列。谷歌（Google）、脸谱网（Facebook）等多家大型科技公司曾因不当收集和使用个人数据被各反垄断局调查或处罚。[①] 可以看出，在个人数据利用方面，欧盟强调个人的绝对控制，企业的数据使用权受到极大限制。GDPR 的严格限制使得欧盟几乎与世界大型互联网巨头公司绝缘，逐渐落后于互联网浪潮。对此，欧盟 2018 年 10 月进一步针对“非个人数据”，颁布了《非个人数据在欧盟境内自由流动框架条例》，授予企业有限制的“数据生产者权”（data producer right），以鼓励非个人数据的交易和流动。

但是，在实践中，“个人数据”和“非个人数据”的分割具有很大争议和实施成本，而且欧盟对数字型企业的管理非常严格，这导致整个欧洲的数字化经济远远落后于美国等原本并肩甚至过去实力不如自身的国家和地区。

二、美国

美国对于数据界权则采取了实用主义原则，并没有针对数据进行综合立法，且回避了所有权问题[②]，而是在传统隐私权的框架下，以

---

① AGCM，Misleading information for collection and use of data, investigation launched against Facebook，https://en.agcm.it/en/media/detail?id=a275df5f-079b-4772-9870-3148c9ca558c；FTC, FTC Imposes $5 Billion Penalty and Sweeping New Privacy Restrictions on Facebook, https://www.ftc.gov/news-events/news/press-releases/2019/07/ftc-imposes-5-billion-penalty-sweeping-new-privacy-restrictions-facebook 等 .

② 这一点在司法层面也有所体现，例如 Sorrell vs. IMS Health Inc. 案、FTC vs. Toysmart.com 案、HiQ vs. 领英案等，法官和律师均回避了数据在企业、个人之间的所有权问题，而是直接以数据挖掘、处理、使用是否违反行业隐私法等法律规定为依据。

“信息隐私权”（right to informational privacy）来保护个人的隐私权利。对于数据主权，2018 年 3 月出台的《澄清合法使用境外数据法》（CLOUD 法案）则充分体现了美国对数据控制权的诉求。

对于信息隐私权，联邦层面美国并未统一制定法律，而是在金融、通信、医疗等领域制定行业隐私法，比如《财务隐私法》《有线通信信息法》《健康保险携带和责任法》等。同时，美国还辅以行业自律机制，比如建议性行业指引、网络隐私认证等。各个州则陆续出台了一系列管辖州内个人隐私的法案。对于数据的权益分配，美国采取了合同法渠道。例如，1999 年美国出台的《统一计算机信息交易法》（Uniform Computer Information Transactions Act，UCITA），对“计算机信息”（数据）的“许可交易合同”“访问合同”“校正和支持合同”等多种合同类型进行合法规定，为维护数据人的隐私和促进数据交易提供保障。

在州立法案中，最有名的当属《加利福尼亚消费者隐私法案》（California Consumer Privacy Act，CCPA）。其基本模式为自由市场与强监管相结合。不同于 GDPR 原则上禁止、合法授权时允许、个人有权反对或撤回授权的基本立场，CCPA 采取了原则上允许，有条件禁止（选择退出，即以 Opt-Out 的方式拒绝信息收集）的处理方式，注重对数据的商业化利用的规范。接下来对其在个人数据的范围内容、管辖权原则、数据处理原则等方面进行简要说明。①

个人数据的内容和范围包括可识别到特定家庭、特定设备和个人的数据，同时针对个人信息还明确列举了易产生争议的数据类型，如“音频、视觉、热、嗅觉或类似信息”“包括意图或实际购买商品或服务的记录、消费历史记录或消费趋势”等，在此基础上更细致地对上述易争议数据类型的内涵进行说明和列举，例如生物信息“包括个

---

① 根据何渊．中国数据立法，该参考欧盟模式还是美国模式？ https://www.chainnews.com/articles/674074260017.htm 和孙海鸣．GDPRVS CCPA：欧美这两部个人数据保护法规有什么差 异？ https://mp.weixin.qq.com/s?__biz=MzIyNjUxOTQ0MQ==&mid=2247487361&idx=1&sn=619cb50a785663f941d175b481fd60d3&chksm=e86e7f7fdf19f669080a1836f9cd31ed25510cfc5ac6d956a4bc98286e7d204c7b06f7481d73&scene=21#wechat_redirect 进行整理。

体的DNA……虹膜、视网膜……静脉图案成像、录音图像……面部印记、声纹，以及包含识别信息的击键模式、节奏、步态模式或节奏”等。

CCPA对被管理对象（企业）也进行了规定，重视对风险影响大的实体的管辖，重点管辖以营利为目的、处理个人信息等业务的企业，并设置包括年收入金额，消费者、家庭和设备数量等指标的门槛，如果企业商业行为中的消费者所在地、个人信息出售行为发生地等都完全在加州以外，则不属于其管辖范围。

在具体的个人数据权利方面，与GDPR形成一定反差的包括知情权、拒绝权和被遗忘权。

在知情权方面，CCPA规定企业在使用和交易个人数据之前，无须取得用户的“同意”，只需要履行“通知”数据主体的义务，在网站和App服务条款等与个人签订的合同约定中，有比较明确的模板，对数据特定目的、禁止用途和活动、授权给第三方的权利进行说明并与己方权利保持一致。

在拒绝权方面，数据主体在一定条件下可以通过选择退出（Opt-out）拒绝企业对自己个人数据的使用，主要可以体现在以下两条法律条款中：其一，拟向第三方出售个人信息的企业应事先通知消费者此项交易，消费者自愿退出该交易（CCPA第1798.120条规定）；其二，企业的互联网主页上必须提供标注了“不要向其他第三方出售我的个人信息”的明确而明显的链接，以供消费者选择（CCPA第1798.135条规定）。除此之外，《内华达州数据隐私法》第2条也规定了数据使用者须设立指定的请求地址给消费者，以满足消费者的自愿退出权利，一旦请求核实，数据使用者将禁止再交易该数据主体的相关受保信息。

在被遗忘权方面，由前文可知，GDPR除了在十分严格的特定情况下，比如为了行使言论和信息自由权，被授予的官方权力，为公共利益、科学或者历史研究目的、数据统计目的以及法律辩护需要等，企业对个人数据的处理应当遵守被遗忘权（删除权）。与之相对应，CCPA也赋予数据主体“被遗忘权”，但CCPA的例外情形更丰富，比如：完成交易请求、履行协议，侦察安全事件，防止欺诈、欺骗或不法行为，鉴定或修复错误，促进言论自由，以及为公共利益、科学或者历史研究、数据统计等目的，对某个公司的内部使用（且该使用被消费者合理地期待），以与搜集目的相匹配的形式被内部利用等情况，且必须满足“必要”前提。因此，CCPA 对被遗忘权的行使难度相对更大一些。

综上可以看出，CCPA 总体上来看倾向于促进个人数据的合法商用和流动。与此同时，美国对数据权属类型和界定的探讨也一直没有停止。

在数权类型方面，例如近两年的法律听证会认为应当将数据视为一种商品或“财产”。美国律师协会网络空间法律委员会创始主席约翰·里特（John Ritter）认为应该建立数据的“法定所有权”制度，呼吁美国人民对个人信息拥有更多的控制权。但是，美国行动论坛（American Action Forum）技术和创新政策主管威廉·莱因哈特（William Rinehart）、美国公民自由协会（American Civil Liberties Union）的查德·马洛（Chad Marlow）并不认同其观点。前者认为数据成为财产不利于数据市场、在线交易的发展，而后者则认为数据作为财产并不一定能“亲隐私”，它对弱势人群的影响不成比例，“财富较少的人更倾向于较少的隐私，而经济有保障的人更容易拒绝出售他们的信息”。因此，有的研究者也提出应当告知消费者数据的价值，再与企业进行交易或共享。[①]

在具体的个人数据权行使方面，被提上议程的联邦《同意法案》（Consent Act）认为，应该将美国当前 Opt-out 改为 Opt-in（选择加入）机制，要求企业在获得消费者“同意”的前提下才能进行数据的收集和使用。但是，该法案也引起了诸多反对的意见。一方面，来自大小公司的能力不对称性将导致市场竞争减小。大公司更能通过产品和隐私设计来实现合规性，但同样的合规成本对于小企业来说很高，Opt-in 法律将导致市场竞争减少。另一方面，考虑到不同公司或行业对个人

① 参考 Angelique Carson. US lawmakers consider whether your data should be a “property right”, https://iapp.org/news/a/us-lawmakers-consider-whether-your-data-should-be-a-property-right/.

数据的使用强度和滥用风险差异很大，应当区别对待不同风险的企业，并促使公司承担利用合法个人数据的应尽责任。如果采用 Opt-in 法律，由于个人和公司在信息成本、知识成本等方面的不对称性，导致消费者很可能同意公司收集某数据并用于大量乍看没有问题的服务，比如脸谱网（Facebook）平台上的个人信息被剑桥分析公司滥用并为特朗普竞选做预测一案中，其曾自证消费者自愿选择大量服务。

三、日本

日本规制个人信息使用的法律以《个人信息保护法》（『改正個人情報保護法』）为代表，该法明确区分了“个人信息”（personal information）和“个人数据”（personal data），并对数据经营者规定了严格的义务。此外，设置“匿名加工信息”制度，经过匿名处理、无法识别到具体个人属性的数据为“匿名加工信息”，企业使用它并不需要获得个人的同意，从而能够有效促进数据的开发和使用。[①]

其中，“个人信息”强调“个体可识别性”的界定标准，该法第 2 条、第 3 条规定，“个人信息”包含基本个人信息、广泛意义上能识别个体的相关符号内容和通过与其他信息组合能够识别到特定个体的内容。基本个人信息包括姓名、住址、电话号码、出生年月、邮箱地址、外貌照片、指纹、DNA、声纹、步态、虹膜、静脉认证信息等，广泛意义上能识别个体的相关符号内容包括护照号码、身份证号码、驾驶证号码、保险证号码、消费记录等。而通过与其他信息组合能够识别到特定个体的内容则将更大范围的数据纳入个人信息的范围。“个人数据”是通过整理加工、易于检索到个人相关信息（包括个人基本信息，个人移动、行动、购物记录等相关信息）的大数据集，其判断依据“可检索性”。该法第 15 ～ 18 条、第 31 条等对“个人信息”的使用目的、取得方式等做了明确的规定，第 19 ～ 23 条针对“个人数据”的内容

---

① 参考李慧敏、王忠 . 日本对个人数据权属的处理方式及其启示，科技与法律 STL，https://mp.weixin.qq.com/s/d89AHD78JsO7EfIQMqDCOA.

正确性、安全管理责任、从业者的监督责任等也提出了要求。

同时，该法对数据经营者规定了更为严格的法定义务，包括：第一，妥善加工，对于能识别特定个人的记载、符号、关联信息及其他信息等进行删除或置换；第二，安全管理，事前预防匿名加工信息、加工方法等相关信息的泄露，并公开万一泄漏后的处理及应对措施等；第三，公示，数据经营者使用和交易匿名加工信息时，需对其中包含的个人信息项目、向第三方提供的方式方法等，通过主页等及时予以公示告知；第四，禁止重新识别，严格禁止匿名加工信息进行重新识别特定个人的行为。

以下以日本不同行业的公司为例，对企业的个人相关信息管理的落实和实践情况进行介绍。以下为日本一家游戏公司 AFK Arena 在征集个人信息时，在公司推特上对数据收集、使用目的的说明：

> “这是 AFK Arena 管理办公室。感谢您参加 AFK 竞技场‘TGS2020 特别纪念活动’。恭喜您获胜！请将以下信息发送到此 DM，以便发运奖品（AFK 声优签名彩色纸）：客户姓名（全名）、客户电话号码、收货地址和邮政编码。在回复之前，请务必阅读并同意这些条款。答复者将被视为同意这些条款。注意：您收到的个人信息将仅用于此奖品运送，并且该信息将在运送后销毁。”

从中可以体现出个人的知情权、被遗忘权和数据处理目的最小原则的运用。

图 2-1 为日本最大电信服务商 NTT 集团官网关于包括客户、特定个人、股东特定个人等在内对象的个人信息保护的政策总介绍页面，行使个人对个人数据的控制权的程序和发票页面以及对匿名加工信息的处理政策总介绍页面。可以看出，日本虽然承认自然人对其个人数据的控制权利，但实践中，企业可以要求个人为行使特定的数据权利向企业支付服务费，通过个人对企业的经济补偿，确认了企业的数据处理权益。

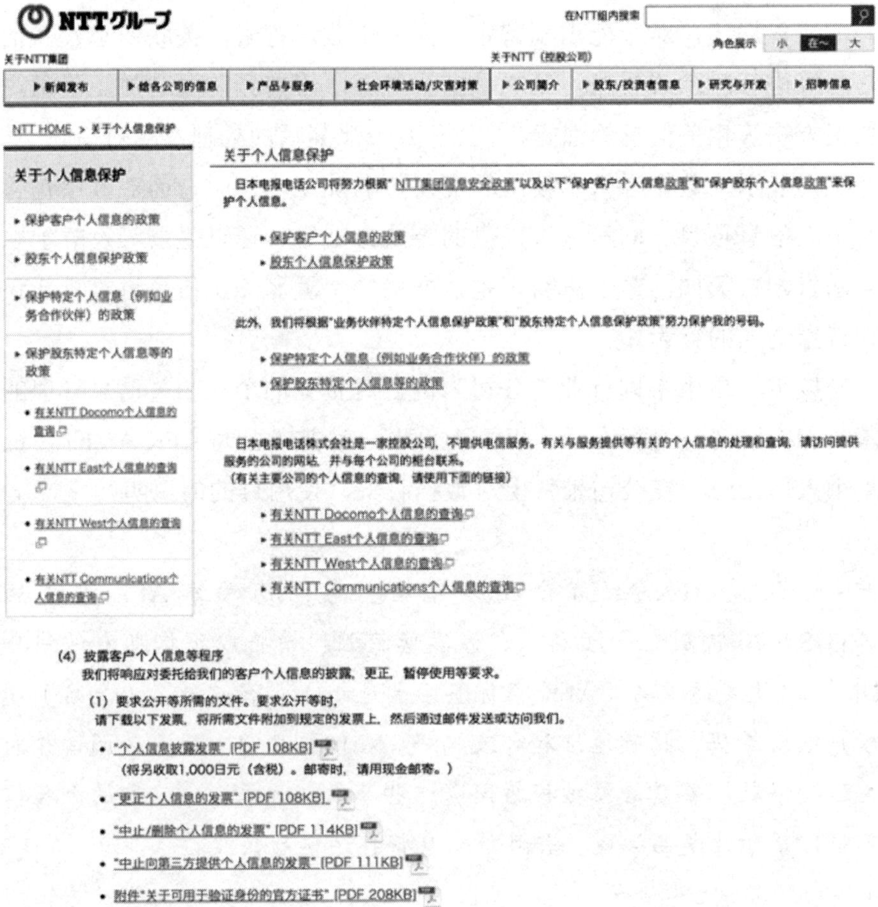

图 2-1 日本 NTT 公司主页关于个人信息相关规则的公布介绍

除去《个人信息保护法》将个人相关数据作为隐私权的保护客体，日本还通过其他法律以及合同法形式对个人数据的使用进行规范。[①] 例如《不正当竞争法》适用于对符合“秘密管理性”“有用性”“非公知性”的商业秘密数据的合法保护，“Benesse 公司客户信息泄漏案”最终就以《不正当竞争法》为执法依据进行了处理；《著作权法》适用于具有创作性的数据库等数据作品的保护；《独占禁止法》可以对数据寡头和卡特尔行为进行规制（杨琴，2015[②]）。

在数据交易中，相关数据权属产生、分配更多是通过合同来建立债权关系，基于双方或多方合意产生对应的数据权利，包括但不限于数据接入、使用、持有管理、复制、出售、请求对价、请求消除 / 公开 / 修改 / 停止使用等，充分促进了数据交易和发展。除此之外，日本政府对合同中容易产生纠纷的具体问题制定了签约指南。比如，2015 年 10 月，日本经济产业省发布《促进数据交易签约指南》（『データに関する取引の推進を目的とした契約ガイドライン』），对数据交易合同中的必需项目、尽可能考虑的项目以及根据需要进行探讨的项目三级指标体系分别做出了指导意见。

四、中国

我国对个人数据权利的研究大致经历了三个阶段：1994—2008 年为沉睡阶段，随着互联网在我国的普及，网络个人隐私泄漏情况逐渐被大家关注，此阶段个人信息保护呼声变高，对其研究也逐渐起步，比如卢小宾等（2005）[③]、张德芬（2005）[④] 分别从网络环境和银行卡等不同场景出发，呼吁充分保护个人信息以保障个人隐私和财产安

① 根据经济产业省 2018 年 6 月《人工智能、数据利用相关签约指南》整理。

② 杨琴 . 经济互动之日本《独占禁止法》论考 [J]. 贵州社会科学，2015(08)：89-95.

③ 卢小宾，袁文秀 . 网络个人数据隐私权保护体系的三维透视 [J]. 情报资料工作 2005(03):34-36+45.

④ 张德芬 . 论银行卡个人数据的隐私权保护 [J]. 法学杂志，2005(02)：25-27.

全；徐旭光（2003）[①]、汪全胜等（2004）[②]提出个人隐私权在网络空间主要分为个人隐私不被侵害以及寻求法律保护两项权能。但是，这一阶段并没有具体成型的法律法规出台，数据权利在理论和实践都处于荒漠状态。第二阶段为2009—2012年（萌芽阶段），此阶段大部分学者并不区分个人数据和个人信息（张莉，2010[③]），但在欧盟1995年的《个人数据保护指令》等法律和数据权利思潮的影响下，开始将个人信息权作为一般人格权（王利明，2012[④]），或者认为个人隐私权应当在网络空间予以延伸，数据成为权利的思想逐渐萌芽。2013年以来，“数据权利说”开始兴起，主要分为两方面：一是“人身和财产双重属性说”，如齐爱民等（2015）[⑤]、肖冬梅等（2015）[⑥]等将个人数据分为人身和财产属性的双重数据权；二是“公权和私权双重属性说”，如吕廷君（2017）[⑦]认为数据权包含数据主权、数据公民权等宪法性权力和数据人格权、财产权等私法性权利。

随着国内数据权利思想的演进和理论研究的发展，我国的数据法律法规在融合西方数据权思想的基础上，逐渐形成了自己的体系。例如，2019年《数据安全管理办法（征求意见稿）》（以下简称《管理办法》）明确区分了网络数据、个人信息和个人敏感信息，对网络数据的收集、使用、监督提出了指导意见。其中，网络数据指的是，通过网络收集、存储、传输、处理和产生的各种电子数据。[⑧]个人信

① 徐旭光 . 论网络时代个人数据及保护 [J]. 图书情报工作 ,2003 (05): 87-90+104.

② 汪全胜 , 王庆武 . 网络空间个人数据的权利保护 [J]. 情报理论与实践 ,2004 (01): 33-36.

③ 张莉 . 个人信息权的法哲学论纲 [J]. 河北法学 ,2010 (02): 136-139.

④ 王利明 . 论个人信息权在人格权法中的地位 [J]. 苏州大学学报 (哲学社会科学版), 2012(06): 68-75+199-200.

⑤ 齐爱民 , 盘佳 . 数据权、数据主权的确立与大数据保护的基本原则 [J]. 苏州大学学报 (哲学社会科学版),2015 (01): 64-70+191.

⑥ 肖冬梅 , 文禹衡 . 数据权谱系论纲 [J]. 湘潭大学学报 (哲学社会科学版),2015 (06): 69-75.

⑦ 吕廷君 . 数据权体系及其法治意义 [J]. 中共中央党校学报 ,2017 (05): 81-88.

⑧ 资料来源：《数据安全管理办法（征求意见稿）》。

息指的是个人信息控制者通过个人信息或其他信息加工处理后形成的信息，例如用户画像或特征标签，能够单独或者与其他信息结合识别特定自然人身份或者反映特定自然人活动情况的，包括但不限于自然人的姓名、出生日期、身份证件号码、个人生物识别信息、住址、电话号码等。[①]个人敏感信息指的是个人信息控制者通过个人信息或其他信息加工处理后形成的信息，一旦泄漏、非法提供或滥用可能危害人身和财产安全，极易导致个人名誉、身心健康受到损害、歧视性待遇。[②]通过区分个人信息和个人敏感信息的方式，为网络数据中的个人数据的分级保护和利用提供了思路。

《管理办法》第二章“数据收集”中，第七条要求企业公开收集使用规则；第十一条明确禁止“默认授权、功能捆绑等形式强迫、误导个人信息主体同意”。这些都是对知情同意权的具体规定，值得注意的是，在《管理办法》的修订细则中，对收集原则的“明示同意”进行了说明：“企业需要获得个人信息主体通过书面、口头等方式主动做出纸质或电子形式的声明，或者自主作出肯定性动作，对其个人信息进行特定处理作出明确授权的行为，才可以采集个人信息。其中，‘肯定性动作’包括个人信息主体主动勾选、主动点击‘同意’‘注册’‘发送’‘拨打’、主动填写或提供等。”从中我们可以看出，市场和政府对个人信息使用日趋规范。第十三条要求网络运营者不得依据个人信息主体的授权行为对个人信息主体采取歧视行为；第十五条额外提出企业收集重要数据或个人敏感信息应向所在地网信部门备案。

第三章“数据处理使用”中，第十九条要求拥有数据的企业要采用数据分类、备份、加密等措施加强保护；第二十一条赋予数据主体个人查询、更正、删除的权利；第二十二条采纳“逐次同意原则”，企业如需扩大个人信息的使用范围，应再次征得信息主体同意；第二十三条则是对“选择退出”权的体现，例如，“定向推送”等商业

---

① 资料来源：《数据安全管理办法（征求意见稿）》。

② 同上。

营销功能应该为用户提供停止接收定向推送信息的选项。

第四章“数据安全监督管理”对行业、企业的义务和责任进行明确规定。其中，第三十四条提出鼓励行业数据安全管理认证和应用程序安全认证的普及；第三十五条要求企业建立动态风险防范机制，一旦“发生个人信息泄露、毁损、丢失等数据安全事件，或者发生数据安全事件风险明显加大时，网络运营者应当立即采取补救措施，及时以电话、短信、邮件或信函等方式告知个人信息主体，并按要求向行业主管监管部门和网信部门报告”。[①]

在《关于增强个人信息保护意识依法开展业务的通知》中，重要的规定包括：“一、未经消费者授权同意，各会员机构不收集消费者个人信息；二、不以默认授权、概况授权、功能捆绑等误导、强迫消费者的方式收集个人信息，不与违规收集和使用个人信息的第三方开展数据合作，这一点是对数据获得‘合法性’前提的确认；三、要求企业建立全生命周期的个人信息保护制度，包括加强对员工的教育和培训，企业及时开展自查，并对数据合作方进行排查，体现加强事中安全管理的原则；四、履行消费者教育义务，加强对消费者的风险提示。”[②]

《贵州省大数据安全保障条例》也体现了共识。例如，第三十四条规定对目的限定的体现：若涉及“合理的目的范围外利用”，应当再次告知并征求信息主体的同意；第三十九条对“个人信息自动化分析与决策”的规定，要求“除经信息主体同意或法律、行政法规另有规定，信息业者不得收集敏感信息”，即便获得消费者的同意，当这些敏感信息将被用于决定是否向信息主体授信、承保、提供就业机会等影响信息主体合法权益或对信息主体有重大影响的事项时，应当向信息主体说明个人信息自动化处理的目的、范围及内容，并获得其同意。这是对个人数据特定情境下拒绝权的体现。

除了通用个人数据采集应用的条例规定，从知识产权角度保护

---

① 资料来源：《数据安全管理办法（征求意见稿）》。

② 资料来源：https://xueqiu.com/9936619624/135457668.

个人数据的有关规范也有新进展。例如，《中华人民共和国民法典》《中华人民共和国电子商务法》的实施为电子商务平台的知识产权侵权现象的规制和保护搭建了较为完整的制度框架；《电子商务法》第四十二条明确规定，“知识产权权利人认为其知识产权受到侵害的，有权通知电子商务平台经营者采取删除、屏蔽、断开链接、终止交易和服务等必要措施。通知应当包括构成侵权的初步证据。”[①]这就为个人信息中具有知识产权的特定内容的保护方式提供了更多法律依据。

与此同时，在个人数据权的基础上，我国现行法律法规也逐渐向利于数据开发的方向发展，比如对“匿名化处理”数据的规定。当技术处理后个人信息主体无法被识别或者关联，且在现有技术水平约束和理性的成本考量下，处理后的信息不再能合理地识别出信息主体的匿名数据，则不属于个人信息。这为匿名数据的流动提供了制度基础。

2021 年 8 月，十三届全国人大常委会表决通过《中华人民共和国个人信息保护法》。这是中国首部针对个人信息保护的专门立法，对大数据杀熟、个性化推送、人脸识别等社会现实问题做出立法回应，违法收集、使用和买卖个人信息等造成严重后果的，最高将受到 5000 万元或年营业额 5% 的处罚。这将为个人信息的保护形成更加完善、权威的法律保障，有利于进一步应对数字经济背景下市场环境的变化。但是，同时也需要注意，时至今日我国对个人数据的权属界定依然缺乏明确、系统的法律规定。

在实践执法和行政监管方面，我国在打击违法违规收集、使用个人信息方面也颇有进展。行政方面，中央网信办、工信部、公安部等多个部门十分重视规制、惩罚违法收集、处理个人信息的行为。2019 年以来，网络安全与数据保护领域的行政执法、个人信息保护领域的执法活动占据网络安全行政执法活动 60% 以上。例如，2019 年 9 月 19 日，工信部因“未经用户同意，收集、使用用户个人信息”的行

① 资料来源：《中华人民共和国电子商务法》。

为要求 32 款 App 进行整改。2020 年 5 月 14 日，工信部要求某代驾 App 针对“私自收集个人信息、私自共享给第三方、强制用户使用定向推送功能、过度索取权限”[①] 等违规行为进行整改。此外，还有对 TutorABC“私自收集个人信息、超范围收集个人信息、私自共享给第三方、强制用户使用定向推送功能、频繁申请权限、过度索取权限”[②] 等的惩处等，从授权同意扩展至个人信息共享、定向推送、权限申请等诸多方面的管理。

法律方面，有关部门引用《中华人民共和国反不正当竞争法》等法律工具解决企业之间的数据权属争议方面的执法也较为频繁。例如，在新浪诉脉脉一案中，新浪方面认为今日头条在微博未授权且毫不知情的情况下直接抓取自媒体账号在微博平台上发布的内容，此举侵犯了自己享有的数据权益。法院采取的解决思路为，具有企业竞争性质的个人数据在平台间的开放应当遵从“用户授权 + 平台授权 + 用户授权”的“三重授权”模式，也就是说数据收集方需要获得个人的同意才能收集，而其他第三方数据需求者如想获得这些数据，除了获得数据原始收集平台的授权，还应当在明确告知用户其使用的目的、方式和范围的基础上再次征求用户同意。

第二节 具 体 构 想

“权益”具有两层内涵：一是权益在各个主体之间应当公平地进行划分，二是权益配置体现为各主体所享有的权益份额（孙铮，1999[③]）。根据数据资源经济收益的分配由价值贡献决定的原则，个人数据的产权配置应当以价值贡献为基础，同时在对权益份额进行配置的时候，需要考虑来源正当性、可行性、交易成本、社会公共利益

① 资料来源：https://baijiahao.baidu.com/s?id=1673088072629795842&wfr=spider&for=pc.

② 资料来源：https://baijiahao.baidu.com/s?id=1671437448941177743&wfr=spider&for=pc.

③ 孙铮 . 企业的产权关系与会计的权益理论 (上)[J]. 上海会计 ,1999 (06): 3-5.

实现等因素。具体而言，数据界权至少需要平衡个人、企业和国家三方面的核心利益期待：[1] 公民对个人敏感信息、隐私数据不被泄露和滥用的期待；企业通过合法合规采集、使用、交易数据等创造经济价值的期待；国家对数据拥有一定的控制力、切实保障国家安全的期待。数据权属的分配、收益份额的确定，只有在满足以上平衡之后，才能实现在保护数据安全的同时促进数据价值的开发目标。

在提出对数据权属和权益的具体构想前，我们首先总结了由连玉明主编的《数权法 1.0》和《数权法 2.0》所提出的数权基本结论。《数权法 1.0》和《数权法 2.0》提出，数据资产权属已经进入了“后所有权时代”：数据产品上附着的权益可以不等同于所有权，数据流通可以在数据资产的所有权不参与交易的情况下，通过数据的分销权、使用权、收益权等进行转让和授权。首先，数据作为一种非实物的资源，在一定程度上具有非竞争性，其价值并不会因为使用而减少，相反，它可能通过使用次数的增多而产生更高的价值。基于此，《数权法 1.0》中提出，数权有必要突破“一物一权”和“物必有体”的局限，可以体现为“一数多权”。其次，由于数据具有人格属性，因此数据主体依法享有自由权、名誉权、隐私权、信息权不受侵犯的防御性权利。并且数据是一种有价值、可定价的资源已经成为全社会的共识，因此，数据具有财产属性，故数据权体现了人格权和财产权的双重属性。最后，共享权是数权的本质，[2] 共享经济下所有权和使用权分离成为流行的商业模式，鉴于数据本身可以无限复制且不会损害数据的内容，通过数据共享（让渡部分使用权促进数据资源的开发和利用）才能够充分实现数据的价值。

《数权法》系列丛书是当前较为系统、全面地总结已有法律界数

---

① 付伟，于长钺 . 数据权属国内外研究述评与发展动态分析 [J]. 现代情报 ,2017 (07): 159-165.

② 参见贵阳智库：《数权法 1.0》书评之七十六，解决数据权属问题的理论基础，https://mp.weixin.qq.com/s/ypuT3SufWkTV6_IdyPY-6Q.

据界权思想的结晶，本书对数据界权的具体构想，是在第一章、第二章第一节诸多考量因素的基础上，从经济学角度对法学界的数据界权结论进行借鉴、综合、批判和重构的结果。

我们提出，对于个人数据，个人享有“有限制的所有权”，在享受基本的隐私权、自由权、名誉权、信息权等受到法律保护的防御性权利之余，同时可以将个人数据的占有权（除所有权之外的收益权、使用权等权益集合[①]）进行多次转让以获取一定的财产收益；如果数据原始收集者和个人依法签订了个人数据合同，则企业享有脱敏后个人数据的“有限制的占有权”，占有权是不包含所有权的数据的剩余权益，主要为竞争性财产权益，有限制主要体现为需要确保个人数据权益不受侵犯，以及其他涉及国家和社会安全、公共利益的情形，数据权属归国家解释；在其他不与数据原始收集者构成直接商业竞争关系（或者数据收集者企业和数据生产者个人利益期待发生冲突的时候），且分享数据符合数据原始生产者个人预期，有利于社会总福利且满足法律规定的情况下，数据原始收集者可以通过交易、共享等形式将脱敏后个人数据的占有权转移给第三方数据需求者。对于公共数据，所有权最终归于国家和社会，但收集者享有“有限制的占有权”。此外，关乎国家和社会安全的数据则归属于数据主权，由国家掌握所有权。

一、数据的定义

数据界权是数据资产化的关键因素之一。对于个人数据的权属配置需要平衡隐私保护等数据安全问题和促进数据交易的关系。厘清数据界权和隐私保护问题，首先需要梳理数据的定义。

国际标准化组织（International Organization for Standardization，ISO）对数据（data）和信息（information）分别进行了定义。其中，数据是信息的一种形式化方式的体现，以达到适合交流、解释或处理

① 龙登高，中国传统地权制度及其变迁 [M]. 北京：中国社会科学出版社，2018.

的目的；信息则指的是对事实、事件、事物、过程或思想包括理念等客体的知识，在特定语境中有特定的含义。可以看出，信息是具有内容含义的知识，数据是信息的一种形式化体现形式。[①]纪海龙（2018）[②]提出在计算机数据技术的支持下，数据资产可以被区分为物理层的数据载体（存储介质）、符号层的数据文件以及内容层的数据信息。这三者分别对应传统符号语言学的指号（符号及符号按照某种逻辑的排列和联合规则）、语义（符号排列背后的含义和意谓）和语用（符号出现的行为中研究符号的起源、应用与效果）三个层面[③]，以及网络法的物理层（如计算机、网线等）、代码层（互联网协议和互联网运行软件等）以及内容层（互联网传输的信息）（Zech，2015[④]）。

数据文件存储在数据载体（如计算机、云盘等）上，数据文件和数据信息构成广义上的“数据”。[⑤]其中，数据信息包括个人信息和非个人信息，个人信息又可进一步区分为敏感信息和非敏感信息。[⑥]个人信息属于数据信息，是数据内容层的一部分；而数据文件属于数据的符号层，是数据信息整合的组织结果。[⑦]因此，个人信息和数据文件并不等同，其二者的赋权形式也应当有所区别。

数据界权和交易需要平衡“个人权利保护”“数据流动”和“经济的发展”三者的关系。[⑧]如上所述，个人信息是数据的内容层，属

① 参见ISO/IEC：“Information Technology — Vocabulary”，Online Browsing Platform，OBP，2015. https://www.iso.org/obp/ui/#iso:std:iso-iec:2382:ed-1:v1:en:en，2020年7月20日。

② 纪海龙. 数据的私法定位与保护 [J]. 法学研究，2018(06):72-91.

③ 参见 [美]Morris，Charles. 指号、语言和行为 [M]. 罗兰，周易，译. 上海：上海人民出版社，1989.

④ Zech, H.(2015), “Information as property”, *Journal of Intellectual Property, Information Technology and Electronic Commerce*, 6:192.

⑤ 如无特殊说明，本书中的数据资产即广义上的定义。

⑥ 参见 Daniel D.(2019). “关于美国数据隐私立法的最佳方案”，美国权威科技创新智库信息技术与创新基金会。

⑦ 日本《个人信息保护法》对“个人信息”和“个人数据”分类处理的思想与此类似。

⑧ 参见何渊. “我国数据立法亟待解决的三个核心议题”，澎湃新闻，2020年1月16日，https://www.thepaper.cn/newsDetail_forward_5518879，2020年7月21日。

于数据主体的权利；而数据文件是数据的符号层，属于数据文件生产者/持有者的权利（纪海龙，2018）。因此，个人隐私保护及其他公民个人权利与数据交易的矛盾，可以通过对数据文件界权促进交易，并设立相关的格式条款和法律来解决隐私保护和安全问题。

二、场景性公正原则

通过结合具体场景确定数据的性质、类型、参与方，并根据具体场景中各方的合理预期、对该场景下价值实现的最大裨益来确定相关主体的数据权益，这是解决数据权属问题的一种可行方式。Nissenbaum（2010）[①] 出版的 *Privacy in Context* 一书中提出“场景性公正”（contextual integrity）原则，将隐私保护置于具体的不同场景下来讨论，即要在具体场景中实现个人数据的合理流通。该思想得到了许多学者和民众的认可，其理论中的“尊重场景”（respect for context）原则甚至成为 CCPA 的指导思想。

在书中，作者将隐私权作为一种控制权和限制或约束他人获取信息的权利进行比较，对个人隐私的控制是否适当取决于情景、信息类型、信息内容、发送者和接收者等具体的对象，其前提假设是将任何不同于传统规则的新的信息流形式所带来的新的隐私挑战置于与传统的公正原则的比较下进行评估，以总体上倾向于不违背传统公正原则为依据，这是因为人们公平感的建立多依赖于数年来生活在其中的传统道德、法律等普世的约束。

根据“场景性公正”原则，对新的信息流下的新做法是否威胁人们的隐私权，评估关键参数集中于：情景、参与者、特点和流通原则等。其评判流程主要分为以下几步：

首先，提取产生争议的信息流中的关键场景和主要情况，将其与人们熟悉的信息流场景进行比较，分析看哪些因素是相同的，哪些因

① Nissenbaum, H. (2010). *Privacy in Context: Technology, Policy, and the Integrity of Social Life*,Stanford University Press.

素是在新的信息流中所独有的。例如，一项在数字医疗中可能产生的隐私纠纷，首先便可根据公众所熟知的普遍性提取普遍性框架。再如，“医疗保健”场景，则可以根据嵌套在其中的文字进行推断。

其次，寻找关键参与者。确定新的做法是否会改变谁接收信息（接收者）、信息是关于谁的（主题）或谁传递信息（发送者）等传统/默认信息传输场景下的参与者，根据参与者的变化，新信息流场景下的对象及其关系也可能会产生新的变化。

而后，确定哪些特点受到影响，找到适用的信息化规范和标识，将这些改编的特点和成为共识的传统型的规范与标志进行比较分析。

再次，确立传播原则的变化，这是比较分析重要的出发点，新的信息流往往在有别于传统规范的信息传播原则下流通，这些差异都需要纳入评估体系之中。

最后，再对所面临新信息流下的隐私风险进行初步评估，并对与传统的规范、公正原则形成冲突的地方进行打标。常见的冲突来源往往是上述几方面中的一个差异或更多的关键参数的差异，违反人们根深蒂固的信息规范和公平原则，将产生场景性公正受到侵犯的初步判断。

评估I：考虑新信息流的影响。可以尝试询问以下问题：新信息流的危害可能是什么？可能会对权力结构产生什么影响？正义、公平、平等、社会等级制度、民主等现有的规范会受到影响吗？同时，证明新信息流下操作决策的合理性同样重要。在某些情况下，结果可能会压倒性地接受或拒绝所研究的新信息流所在的系统或实践；在某些有争议的案例中，部分问题还需要进一步考虑。比如，在商业市场的背景下，评估将需要回答一系列关于新的信息流模式如何重新配置消费者和商家之间关系的关键方面的问题。例如，它是否给一方或另一方不公平的优势？这种重新绘制的关系是否破坏了场景本身的价值、结果和目的？流量的改变是否会提高商家的效率？如果是这样，对消费者也有好处吗？越来越多的审查是否会导致社会总福利受损？将保密方面的自由和利益与新的信息流下的新参与者，如搜索公司自行决定的支持开放共享方面的自由和利益进行比较，若前者比后者更重要，这些自由和利益在关键价值观、目标和目的的基础上占上风，那么就应当选择在新的信息流下进行保密。

评估Ⅱ：考虑新信息流如何直接实施。场景本身的价值观、目标和背景目标是什么？根据场景的价值，考虑其道德含义或政治因素、目的、结果。换句话说，比如，新信息流对人的隐私、自主性和自由性有什么危害或威胁，以及在这种情况下，“正义”和“公平”意味着什么？新信息流是否能有利于实现这些场景的价值？作者在书中，还提到了具体的做法，“不去直接权衡不同选择/新老两种信息流所提供的价值和目的的优劣，而应根据它们对网络搜索的重要性来考虑它们；也就是说，在这样或那样的规范下，同一个场景的目标、目的和价值会变成什么”，因为，如果没有明确的方法来支持与潜在因果理论相关的统计数据，那些基于这些数据而被拒绝的人就会遭受任意的歧视，这不比斯特拉希莱维茨所谓的“老备选者”好多少。这一轮评估也可以看成是对“机会成本”的考量，在一个隐私被要求理解和保护的领域中网络可能实现的结果、目的和价值的考量。在这一轮的评估中，“那么，是应该对这些隐私进行严格保密，还是让位于其他原则呢？”等问题将被回答。

根据上述一系列的调查结果，情境公正性将对当下所争议的信息流所在的系统或做法是否威胁隐私提供支持或反对的建议（在极少数情况下，结果仍有可能被污染）。总而言之，场景性公正原则抓住了人们对个人信息流动的反应中，复杂而微妙的变化，尤其是可能激起人们的愤怒的那些变化和价值评判所在。

正如前文所言，“场景性公正”原则本质上倾向于实践那些已经根深蒂固的规范，因为这些规范、标准已经培养、浸润了人们的公平公正感。但并不是所有与传统价值观、规范冲突的新做法和实践都会威胁人们的隐私，那么如何允许有一些合情合理合法但却偏离传统规范实践的案例呢？“场景性公正”原则评估Ⅱ推荐的方法是，将根深蒂固的规范实践与新的替代或竞争的实践进行比较，其比较基础是每一种实践在支持、实现或促进相关场景价值方面的有效性。也就是说，如果新的做法能更好地实现该经典场景下原有根深蒂固的规范本来想要去实现的目标，那么应该毫无保留地去接受新的做法。比如，使用种族、性别和民族作为决策标准的做法可能达到进步，但如果我们不加批判地就将其嵌入传统规范中的决策标准，即使它们的历史相对较短，事实上社会也不会取得进步。

虽然这本书最终并没有得出足够简单的方法进行选择，但它提供的“场景性公正”框架，将场景的价值（目标或目的）放在最重要的位置，理解信息流动的规范与社会背景的价值、目的和目的相关的方式，对于判断新流动是否可接受是至关重要的，如果不能，就构成了拒绝变化和支持根深蒂固的规范的理由。“场景性公正”的本质核心在于能抓住人们在复杂的人际关系网络中分享和隐瞒某些类型信息的微妙方式，依照属性分析标准的公平性如何与新信息流的决策相关，继而分析这些新决策对环境本身的价值、结果和目的的影响，从而决定是否要采纳新的信息流方式。

对作者所提出的“场景性公正”原则，最直接的表现便是美国与其他国家，特别是欧盟国家的隐私法和法规的比较。美国的方法是“行业性的”，而欧盟的方法是“综合性的”。相较而言，行业性的立法和规范要比综合性的规范更注重场景的应用和权衡。我们在对个人信息于个人、数据原始收集者和其他数据需求者、国家等多个参与者的权属配置当中，也应当充分考虑“场景性公正”原则。

在“场景化”保护个人数据权利中，值得探讨的还有丹尼尔·索洛夫（Daniel Solove）的隐私分类理论。他指出隐私并不存在核心或本质特征，每个人对隐私的定义和边界感知都不尽相同，保护隐私实际上是保护具体场景下的某些个人权益不受侵犯。对这一点，Ari Ezra Waldman 教授也指出隐私的本质在于信任，其权利的边界将会随着场景的不同而发生变化。

通过场景公正来决定权属界定中谁的利益期待应当被优先满足，在充分保障个人数据隐私的前提下，注重促进数据的共享与互联互通，如此才可能真正发挥大数据的优势和价值。

三、个人的数据权利

各国目前“个人数据”的范围和定义大同小异，核心在于“可识别性”这一本质标准，包括直接识别个人和“关联”个人的数据、与其他数据结合能够识别到个人的数据。但是“可识别性”在不同的技术和场景语境下，其外延具有浮动性，欧盟对“个人数据”和“非个人数据”界定在实践中的失败便充分体现了这一点。因而，除了以列举形式出现在法案规定中的个人数据，一些具有争议性的数据需要在个案中进行具体衡量。现有对个人信息 / 数据的定义主要有以下代表。

根据我国2021年8月通过的《中华人民共和国个人信息保护法》，“个人信息是以电子或者其他方式记录的与已识别或者可识别的自然人有关的各种信息，不包括匿名化处理后的信息”。①

我国2019年《数据安全管理办法（征求意见稿）》规定，“个人信息指的是个人信息控制者通过个人信息或其他信息加工处理后形成的信息，例如用户画像或特征标签，能够单独或者与其他信息结合识别特定自然人身份或者反映特定自然人活动情况的，包括但不限于自然人的姓名、出生日期、身份证件号码、个人生物识别信息、住址、电话号码等。个人敏感信息指的是个人信息控制者通过个人信息或其他信息加工处理后形成的信息，如一旦泄漏、非法提供或滥用可能危害人身和财产安全，极易导致个人名誉、身心健康受到损害、歧视性

① 资料来源：https://baike.baidu.com/item/%E4%B8%AD%E5%8D%8E%E4%BA%BA%E6%B0%91%E5%85%B1%E5%92%8C%E5%9B%BD%E4%B8%AA%E4%BA%BA%E4%BF%A1%E6%81%AF%E4%BF%9D%E6%8A%A4%E6%B3%95/24220563?fr=aladdin.

待遇的个人信息。”[①] 通过区分个人信息和个人敏感信息的方式，为网络数据中的个人数据的分级保护和利用提供了思路。

根据美国 CCPA 对个人数据的内容和范围的规定，个人数据包括可识别到特定家庭、特定设备和个人的数据，同时 CCPA 针对个人信息还明确列举了易产生争议的数据类型，如“音频、视觉、热、嗅觉或类似信息”“包括意图或实际购买商品或服务的记录、消费历史记录或消费趋势”等，在此基础上更细致对上述易争议数据类型的内涵进行说明和列举，例如生物信息“包括个体的 DNA……虹膜、视网膜……、静脉图案成像、录音图像……面部印记、声纹、以及包含识别信息的击键模式、节奏、步态模式或节奏”等。

总体上可以看出，与特定个人关联的生物信息、商业记录等，以及虽然单个数据不可识别到特定个人，但与其他数据结合可识别到特定个人的数据都属于个人数据。

学界对个人信息中的非敏感信息的赋权结论并非单一。Dosis 和 Sand-Zantman（2019）[②] 认为企业或消费者拥有数据所有权的优劣取决于数据对企业的价值和消费者货币化个人数据能力的权衡，总体来看，无外乎两种赋权形式。其一，个人享有对包括敏感、非敏感信息在内的个人数据的控制权。由于购买历史、出行方式等通常是个人行为的副产品（Veldkamp，2005；Ordoñez，2013），其本质上属于数据主体的权利，Miller 和 Tucker（2017）[③] 的研究表明给予消费者其个人数据的控制权有助于促进个人数据的分享与交易。Abowd 和 Schmutte（2019）[④] 则认为，应当由消费者在隐私保护与数据交易的

---

① 资料来源：http://www.moj.gov.cn/news/content/2019-05/28/zlk_235861.html.

② Dosis, A. and Sand-Zantman, W. (2019). *The Ownership of Data, SSRN Electronic Journal*. doi: 10.2139/ssrn.3420680.

③ Miller, A. R. and Tucker, C. (2017). ‘Privacy Protection, Personalized Medicine and Genetic *Testing’, Management Science*, 64(10), pp. 4648–4668. doi: 10.2139/ssrn.2411230.

④ Abowd, J. M. and Schmutte, I. M. (2019). ‘An economic analysis of privacy protection and statistical accuracy as social choices†’, *American Economic Review*, 109(1), pp. 171–202. doi: 10.1257/aer.20170627.

边际收益相等时做出最优交易选择，因此要首先告知消费者其个人数据的价值，允许消费者在数据的销售和隐私保护之间自主做出选择。其二，将非敏感的个人数据脱敏后赋予数据收集企业，Jones 和 Tonetti（2019）指出若由消费者掌握数据所有权，数据交易量将接近社会最优化水平，但弱劣于最优；若由企业掌握数据所有权，数据交易量可以达到社会最优交易量，但交易量与数据带来的创新性破坏程度成反比，企业可能滥用数据交易，也可能交易不足，因而应当设置额外的法律规定等，对企业的这些行为予以规制。

这两种观点都各有优劣。如果将个人数据的所有权完全界定给个人，首先绝对的产权并不能激励个人数据的流通，会大大增加社会运营成本和数据市场的交易成本。其次，如前文所分析，单独的个人数据在脱敏后需要与其他数据匹配、组合和加工，从而形成大数据资产才会产生对应的价值，个人的数据价值边际贡献很小，加上数据的人格财产属性带来的“禀赋效应”，在竞争市场下，个人不愿意出售非敏感个人数据的动机更大。最后个人的数据财产权对个人权利的保护是非对称的，弱势群体很容易就被其他强势群体通过排他性等合约形式，以极低的价格转移了数据所有权。因此，个人享有绝对的个人数据控制权并不是最优解。同理，企业享有脱敏后个人数据的绝对控制权也非最优。首先，对于企业而言，尽管数据的复制使用并不会损害数据本身的内容，但数据的价值和企业可从数据中获取的商业利润却可能因为数据内容的泄漏而受到损害和稀释，因此，与共享相比，企业更加倾向于拥有脱敏后个人数据的绝对所有权。其次，按照贡献决定分配的原则，企业的经济收益主要来源于对个人数据进行收集、加工从而形成数据文件的劳动和知识等贡献，并不应当享有原始数据内容所贡献的收益。最后，如果将脱敏后个人数据的所有权赋予企业，还可能导致个人信息滥用等现象。因此，根据数据内容和数据文件的分类，我们主张对于个人数据，个人和企业都应当被赋予“限制性的权利”，个人信息是数据的原始内容层，属于数据主体的权利；而数据文件是数据的加工符号层，属于数据文件生产者 / 持有者的权利。

从横向划分，个人数据可以根据敏感度分为敏感数据、一般敏感数据和公开数据；从纵向、动态划分，个人数据可以分为原始数据、增值数据。[①]据此，我们认为个人享有其个人数据中原始数据部分的“有限制的所有权”，主要包括分级隐私保护权和相应的数据控制权，以及享受相应的财产权益。

对于纯粹由个人数据组成的原始数据，可以按照隐私和风险等级进行分级，此处我们将其分成三级。

等级一：涉及个人隐私的个人敏感数据。个人敏感数据主要是指一旦泄漏、非法提供或滥用便可能危害人身和财产安全，极易导致个人名誉、身心健康受到损害、歧视性待遇的个人信息。[②]该类数据应当严格受到隐私权、自由权、拒绝权等人格权不受侵犯的保护。《网络安全法》《个人信息安全规范》对于未经脱敏处理的个人信息的合规要求包括以下原则：其一，告知 - 同意原则。“事先向个人信息主体告知共享、转让个人信息的目的，数据接收方的类型并征得同意；涉及个人敏感信息应告知类型、接收方身份和数据安全能力。”[③]其二，安全影响评估原则，根据评估结果采取有效的保护个人信息主体的措施。其三，准确记录原则。“准确记录和保存个人信息的共享、转让的情况，包括共享、转让的日期、规模、目的，以及数据接收方基本情况等。”[④]其四，保护义务延伸原则。“帮助个人信息主体了解数据接收方对个人信息的保护义务及其履行情况，及时反馈个人信息主体相关权利，包括访问、更正、删除、注销账户等。”[⑤]

等级二：个人公开数据，以及进行隐私补偿且严格脱敏的数据。前者是指完全公开在社会上的数据，如领英平台上由用户主动公布的

① 丁道勤 . 基础数据与增值数据的二元划分 [J]. 财经法学 ,2017 (02): 5-10+30.

② 资料来源：《信息安全技术个人信息安全规范》。

③ 资料来源：同上。

④ 资料来源：同上。

⑤ 资料来源：同上。

个人信息，在合法使用的前提下，原则上数据收集或发布企业及其他第三方都享有使用权，但应该遵循一些基本的义务，例如注明数据来源等。后者主要是指通过合法途径获取的且对个人敏感信息严格脱敏之后加工形成的数据文件，个人对于该类数据只享有保护其隐私不受侵犯等防御性权利。

等级三：风险程度中等或个人与数据收集者容易发生利益冲突的个人数据，例如，仅对朋友圈可见的社交数据，或者用作个性化推荐用途的历史购买行为数据等。该等级的数据应当充分尊重个人的知情同意权、拒绝权和删除权等自决权利体系，同时辅助以个人与数据收集者的共决和损害补偿来确定数据占有权的转移。[①] 对于个人所享有的风险程度中等的个人数据的自决权利体系，主要可以适用以下原则和权利：

知情同意权。在采集个人数据之前的合同中，建议首先精确地浓缩隐私政策的核心内容，或者突出展示用户最关心的个人信息；禁止通过“默认授权、功能捆绑等形式强迫、误导个人信息主体同意”。[②]

对于中等风险程度个人数据的采集，应当采取“明示同意”原则。也就是说，企业需要获得“个人信息主体通过书面、口头等方式主动做出纸质或电子形式的声明，或者自主作出肯定性动作，对其个人信息进行特定处理做出明确授权的行为”[③]，才可以采集个人信息。其中，肯定性动作包括个人信息主体主动勾选、主动点击“同意”“注册”“发送”“拨打”，主动填写或提供等。对于风险程度中度的个人信息在协议目的之外的应用，应当再次获取用户的同意。[④]

选择退出权（Opt-out）。对于风险程度中等的个人信息的使用，

---

① 参见包晓丽、熊丙万.通讯录数据中的社会关系资本，中国法律评论，https://mp.weixin.qq.com/s/PMCBRgngKjItTEffvaRF0w.

② 资料来源：《数据安全管理办法(征求意见稿)》。

③ 资料来源：《中华人民共和国个人信息保护法》。

④ 参见梁杰兵.华为与腾讯数据之争，数据法律资讯，https://mp.weixin.qq.com/s/Ozoek3TCjZhFejH9JA0bTg.

应当赋予用户事前、事中的拒绝权，在公司网页等对外公开界面的明显位置提供给用户该项个人信息拒绝或中止收集处理的权利。

公示义务。建议学习日本的公示制度，对个人信息的交易、使用记录通过公司网站或官微等对外公开的渠道进行公示。

对于具有较大经济价值且已经脱敏的个人数据，消费者和数据搜集 / 使用商（中介商）之间可采取租赁式交易，数据中介商每使用 / 销售一次个人数据，对该消费者支付租金，租金可以是企业通过免费或折扣的方式提供服务或产品；或者一次性买卖，例如在充分脱敏的基础上向患者购买胸片数据，以及个人调查等（Ligett 和 Roth，2012[①]）；也可以采取其他隐私补偿方法（Easley 等，2018[②]；韩海庭等，2019[③]），从而刺激原始数据的生产和交易。另外，在占有权转移的同时，可以考虑借鉴美国联邦《同意法案》（Consent Act）的做法，通过制定额外的规则和程序，敦促公司承担利用消费者数据的应尽责任，包括对内容层面的个人数据进行充分的脱敏（Agarwal 等，2019[④]），以及其他必要的合法处理，例如匿名数据再识别化的风险评估、应急补救等。

对于匿名后的个人数据、增值数据的权属配置应当遵从相应的商业场景。由于数据处理人将不同个人的原始数据收集在一起进行加工整理，从而形成具有经济价值的大数据等数据产品。此时，数据收集及加工者享有匿名化、加工后的增值数据的占有权。如果数据收集人同时也是数据处理人，那么增值数据的权利人为同一对象；如果通过

① Ligett, K. & A.Roth(2012), "Take it or leave it: Running a survey when privacy comes at a cost", In: P.W.Goldberg & M.Guo(eds), WINE'12: Proceedings of the Eighth International Workshop on Internet and Network Economics, Springer.

② Easley, D. *et al.* (2018). The Economics of Data, *SSRN Electronic Journal*. doi: 10.2139/ssrn.3252870.

③ 韩海庭，等 . 数字经济中的数据资产化问题研究 [J]. 金融纵横，2019，第 4 期。

④ Agarwal, A., Dahleh, M. and Sarkar, T. (2019) "A marketplace for data: An algorithmic solution", in ACM EC 2019 - Proceedings of the 2019 ACM Conference on Economics and Computation, pp. 701–726. doi: 10.1145/3328526.3329589.

委托或与第三方合作进行数据处理，增值数据的权利归属可参考《著作权法》《专利法》中对“委托类知识产权”“合作类知识产权”的相关规定。对于增值数据的权属界定的理论支撑来源于物权中的添附理论。添附是指民事主体合并了不同所有人的财产或劳动成果，从而形成新的财产，此时若恢复原状是不可能的或不合理的，那么新财产的权属应当重新界定（崔丽莎，2017[①]）。

美国现行的多数行业法则都体现了隐私分级保护原则。例如，美国《1996 年健康保险流通与责任法案》（下称“HIPPA”）及随后发布的隐私安全规则为健康医疗数据进行了分类，按照隐私等级受保护度递增依次为：受保护的健康信息（protected health information，PHI）、个人可识别的健康信息（individually identifiable health information）、受限制数据集（limited data sets）和脱敏信息（de-identified information）。[②] 对于某些类型的数据的使用无须患者个人授权即可进行分享和交易。例如，受限制数据集在以医学研究为目的的前提下可以无须授权直接分享，基于疾病防控目的共享“受保护的健康信息”等。

四、平台的数据权益

上一节对个人数据在个人和企业之间的权属进行了说明，总结起来可以表述为：个人享有个人数据内容的敏感信息不受侵犯的消极防御权利，同时享有敏感信息和特定信息所体现的数据人格权，比如明示同意、拒绝权等，以及对具有经济价值的个人信息的财产收益权。数据原始收集者享有合法获得、经匿名后的数据文件的“有限制的占有权”。在数据市场的主要参与者中，个人和数据原始收集者的权属争议只是其一，数据原始收集者和其他数据需求方的权属争议也一直

① 参见崔丽莎 . 大数据权属及保护制度研究，海坛特哥，https://mp.weixin.qq.com/s/5fgin3f4a0g0Vm6-2JZ1Tg.

② 根据美国《1996 年健康保险流通与责任法案》整理得到。

是社会和法律争议的焦点。例如，华为与腾讯的数据之争[①]、顺丰与菜鸟的“接口门”事件[②]、新浪诉脉脉案[③]、大众点评诉百度案[④]、淘宝诉美景不正当竞争纠纷案[⑤]，美国的Craigslist诉3Taps案[⑥]、hiQ诉领英案[⑦]，以及新浪微博诉微头条案[⑧]等。为此，本节对企业的数据权益进行详细说明。

平台（数据原始收集者平台）数据权益需要考虑以下几个方面：首先，平台数据往往包含了大量的个人数据，个人享有前文所述的数据权益，平台的数据权益不能损害到个人；其次，数据原始收集企业在收集和整理过程中付出了相应的劳动，且也对个人支付了相应的对价或经济补偿，而且将数据文件的权属划归平台企业可以通过其集中整合运用进一步提高效率，因此，企业应当享有其收集数据的相应权益；最后，平台数据可能包含了一些具有较强公共属性的公开数据，或者平台的数据利益期待和个人有所冲突，但个人和企业都不具有独占性权利，不能独立完全决定数据的权属配置。因此，数据原始收集者的数权配置高度依赖于具体场景，根据“场景性公正”原则，实现个人数据隐私保护和权益、企业数据权益与数据共享的平衡。

总的来说，考虑到数据的公共属性，可以赋予数据文件持有者（例

---

① 参见《华为vs腾讯大数据之争，谁拿走了用户的个人数据？》，来源：http://tech.sina.com.cn/i/2017-08-15/doc-ifyixtym4580079.shtml，2020年12月10日访问。

② 对于顺丰与菜鸟之争的简单介绍，参见百度百科-顺丰菜鸟之争，来源：https://baike.baidu.com/item/顺丰菜鸟之争/20830652?fr=aladdin，2020年12月10日访问。

③ 参见北京淘友天下技术有限公司等与北京微梦创科网络技术有限公司不正当竞争纠纷二审民事判决书，(2016)京73民终588号。

④ 参见大众点评诉百度不正当竞争二审判决书，(2016)沪73民终242号。

⑤ 参见淘宝(中国)软件有限公司诉安徽美景信息科技有限公司不正当竞争案，(2017)浙8601民初4034号。

⑥ 参见Craigslist INC. v. 3Taps，942 F.Supp.2d962 (2013).

⑦ 参见HiQ Labs，Inc. v. 领英Corp.，No.17-16783(2017).

⑧ 微博认为，“某第三方新闻平台在微博毫不知情、并未授权的情况下直接从微博抓取自媒体账号的内容”，参见《谁的用户：微博欲诉今日头条非法抓取内容》，来源：http:// finance.sina.com.cn/roll/2017-08-15/doc-ifyixcaw4855222.shtml，2020年12月10日访问。

如数据收集者、设备生产者、数据加工者）“有限制的占有权”，包括采集权、储存权、迁移权、使用权、制造权、分析挖掘权、交易权、收益分配权等（Hazel，2020），而非在数据内容上设置绝对权，来解决数据产出的经济激励[①]、信息悖论[②]、数据公开[③]和数据交易中弱势群体的保护问题[④]，这也为数据界权和隐私争议的解决提供了一种思路。美国对数据交易采用“实用主义”原则，例如，主张行业隐私法与数据市场自由交易相结合。这也体现了鼓励数据交易的基本立场。如果数据文件所有权和数据信息主体权利（即内容层的个人隐私权或知识产权）发生冲突，个人信息权或知识产权处在优先地位。[⑤]

1. 数据文件占有权

对数据原始收集者而言，赋予其对数据产品绝对的占有权或者控制权是对其收集、加工数据等过程中付出的劳动和知识的肯定，同时会促使他们进一步开发数据价值；但因此也可能会导致垄断、滥用等弊端。梅夏英（2016）[⑥]在其著作《数据的法律属性及其民法定位》中曾提出，给予数据产品主体绝对权利，或者按照大多数学者支持的不提产权、单一靠《反不正当竞争法》来保护，或者完全按照知识产权的思路来规制企业的数据权属都是不妥当且不尽人意的。

---

① 主要原因有二：数据内容的产生是个人行为的附属品，边际成本小，无需额外的激励；且数据一定程度上具有公共品的非排他性。但排他性并非绝对，数据使用者越多，价值也可能越低，可参见 Admati 和 Pfleiderer(1990)。

② 参见 Arrow(1962)：数据交易需要买方评估数据资产的价值，数据文件所有者足以在不完全透露数据信息的情况下，传达该数据资产的价值。

③ 除非公开能给数据所有者带来收益，仅对数据内容赋权同样不能实质性解决数据公开问题。

④ 弱势群体获得初始产权效率不一定最大化，另外，弱势群体更容易低价交易个人数据，因此需要格式条款控制和其他法律来保护个人利益。同时，也参见美国 2019 年几期对于数据作为财产的听证会的讨论，对数据内容设权并非“亲隐私”。

⑤ 参见欧盟《通用数据保护条例》(简称 GDPR)，美国《数据隐私法案》(Digital Accountability and Transparency to Advance Privacy Act or the DATA Privacy Act) 提案和《隐私权利法案》(Privacy Bill of Rights Act) 提案。

⑥ 梅夏英 . 数据的法律属性及其民法定位 [J]. 中国社会科学 ,2016 (09): 164-183+209.

根据“场景性公正”原则，应当对数据产品具体的应用场景、参与者、数据类型等各种关键因素进行划分和界定。例如，同样是存在数据滥用的风险，亚马逊占有个人的购买历史记录、个人画像等数据进行个性化推荐，或者对已受到高度管制的实体（例如银行、公立医院等）及其必要数据的使用的风险，相对于微信、脸谱网（Facebook）等社交平台滥用社交数据干扰选举、威胁人身安全等带来的风险要小，显然后者需要更为严格的监管和保护措施。另外，京东、蚂蚁金服、圆通快递等头部互联网平台拥有巨大消费者数据体量，在防范数据垄断、数据泄漏时也应当考虑与其相关的小机构、小平台能否合法使用大平台数据。

在合法获取并匿名化处理数据后，数据原始收集者作为数据产品的生产加工主体，应当因其相关劳动而享有对数据产品的“有限制的占有权”。根据龙登高（2018）[①]在对传统土地权属的分析中提出的“占有权”，占有权包括除去所有权之外的使用权、剩余所有权等。其中，占有权所体现的权益主要是财产性权益，但是数据产品上附着的财产性权益不能等同于财产所有权，应当是一种竞争性财产权益。[②]鉴于此，我们需要毫不犹豫地保护数据原始挖掘者享受其生产数据产品的竞争性财产权益，防范其他同类型企业“搭便车”、窃取数据等不正当商业行为的发生。

以微信等社交平台中的用户数据为例，若某微信用户选择对其好友公开朋友圈，则该朋友圈内容对于其好友而言应当属于公开数据。因为用户在发布朋友圈前即明确好友会看到该条朋友圈，而且用户的本意也在于此。但是，他们并不一定愿意让其他非朋友圈用户了解其朋友圈内容。因此，这类社交数据仍然是有场景性的。一方面，由于社交数据包含了大量可识别到具体个人的个人信息，社交平台与第三

---

① 龙登高，中国传统地权制度及其变迁 [M]. 北京：中国社会科学出版社，2018.

② 参见刘元兴，谭淑平 . 如何认定数据产品权属？数字经济与社会，https://mp.weixin.qq.com/s/-pR70WGGfdyb1LBP8Z6Sbg.

方企业必须要保护这类数据中的隐私信息，且在与其他数据需求方进行数据交易时，须得保证个人的信息自决权益；另一方面，对于具有竞争关系的第三方平台而言，此类用户数据的集合又具有商业价值，数据原始收集者希望得到法律的保护，主要体现为"竞争性财产权益"，所谓"有恒产者有恒心"，只有其合法权益得到保障，数据原始收集者才会有生产数据产品、提供数据服务的动力。

占有权除了在竞争性情景下的排他性权利，还包括通过交易等途径对数据产品的占有权进行交易并获取财产收益的权益。这主要是因为数据的整合和交易很多时候可以促进消费者体验的提高。比如，微信、某些生日记录软件通常会希望得到个人的通讯录数据，以最大化消费者使用体验。此时，允许数据的共享和交易权益能更大程度提升数据价值。再比如，人人网的出售案例中，如果其出售并没有改变个人数据所使用的场景和预期，而只是变更了网站的所有人，那么只要人人网后续的购买者承担起"谁使用谁负责"的保护个人数据相关权益的责任，且在个人的合理预期内继续使用和开发数据，那么该交易行为便属于人人网所有者的权利。当然，根据本书观点，人人网的交易还应当通过公示等方式保证数据提供者个人可以查询的权益。

当然，数据原始收集者在与第三方交易数据时，也应当承担相应的责任和义务。如涉及个人信息（即便已经脱敏），也应当就数据交易的购买对象及其联系方式、使用目的、数据类型、数据来源、防范数据不正当使用的措施等进行公示，以便消费者可以查询。同时，还应当承担起监督第三方数据使用者与数据原始收集者承担相同的保护个人数据相关权益的义务。

数据分析技术、数据收集方式等因素将会产生诸多衍生数据产品或表现形式，因此合法的、不同的加工方式、收集方式的提供者 / 数据原始收集者都应当被赋予相应的权益。同一数据内容的不同收集方，只要是通过数据合约及其他合法途径获得的数据，应当都可以独立地享受对其所加工数据产品的"有限制的占有权"。

2. 占有权的限制性

根据上述分析，可以发现数据原始收集者对数据产品所享有的占有权的限制性大致可以体现为以下几点。

其一，在行使数据产品占有权的同时，必须充分考虑到数据自然人主体的基本数据权利，如隐私权等。一旦个人数据隐私得不到合理的保护，不仅个人的合法权益将受到侵害，数据收集和使用企业也会丧失用户与消费者的信任，继而面临巨大的公关危机。

其二，数据的使用必须合法，或者合乎“场景性公正”原则。例如，数据需求和交易者一般包括以下几类经营者：一是从网站中或和个人签订的合约中搜索并收集个人姓名、电话号码、居住城市、电子邮箱等个人信息的经营者，常见的有百度、天眼查、微博等，由于这些个人数据具有明确的可识别性，这类数据的使用过程和交易等都应当受到严格的规制和监管，包括脱敏后交易、对数据使用过程的全生命周期风险排查和防范等。二是专注于市场营销的企业，它们根据大数据提供个性化推荐、市场营销等活动，比如淘宝、今日头条等商贸、新闻平台。这样的数据使用风险应该根据具体的场景而定：如果数据使用有利于提高社会总体福利，例如将个人画像用于合法的风险防范、诈骗防范（信用评分、贷款或保险风险分析等），这样的经营活动基本不会对诚信个人和社会产生不利影响，反而有利于减少信息不对称等所带来的社会福利损失。

其三，数据原始收集者和其他数据需求者之间，除了竞争性对象下应当保护的排他性权利以外，还应当以支持合法、促进社会总福利的数据分享为基本原则，给数据的流动提供更多法律和实践的可能性。这一点同样也可以表现为，如果数据原始生产者个人和数据收集者的利益期待发生冲突，个人希望其被某原始收集者收集的个人信息被第三方数据需求者所使用（可携权），此时应当根据“场景性公正”的价值判定原则，回应谁的利益期待应该得到优先满足。如果新的信息流形式有利于数据的社会价值开发，那么原则上应当允许数据原始生产者个人以及其他数据需求者，从数据原始收集者处通过支付一定对价或者其他补偿形式获取非竞争性用途数据的权益。尤其是考虑到一般民众偏好公平，而这本身就是一种重要的社会福利。因此，在个人数据利益期待与数据收集者冲突时，个人的公平感也必须予以考虑。

以数据爬取为例，当被爬取平台一方具有公益性、科学研究性或具有公共基础设施的性质时，数据爬取行为应当被允许，还应赋予爬虫平台对通过合法途径爬取的数据的“有限制的占有权”。但是，爬虫平台也必须遵守相应的法律规定，涉及非脱敏的个人数据时应当满足同样的合法收集条件，包括个人的知情同意权、拒绝权等；同时应当和数据原始收集者签订合约，保证数据原始收集者的知情权、监督权，以及某些必要情景下支付给原始收集者一定的经济补偿等。例如，美国与欧盟等地区都认为对搜索引擎的数据爬虫行为是合理的且应受到合法保障的。

此外，数据占有权的获取还应当考虑被爬取平台的数据体量与数据性质，以及爬虫平台对数据的后续使用和技术投入等的场景公正性。[①] 当被爬取的一方数据体量较大，而被爬取的数据又属于原始数据或基础数据时，原则上应当允许第三方数据需求者获取、使用数据的合理请求。

首先，超级数字平台收集海量数据后，数据的潜在垄断可能性就会大大提高，如果赋予此类平台过强的数据权利，就可能出现数据割据、数据垄断、数据“封建主义”等情况，阻碍数据共享与数据价值的实现。例如，在美国和欧洲的垄断型学术数据库网站，普通学者想要查看、学习论文，促进科研事业的发展往往也需要支付不少文献下载费用。如果总体上，数据资源没有得到开放、共享和流通的法律认可，那么数据壁垒的存在会导致中小型企业无法获得有效的竞争能力，

① 参见北大法宝：网络爬虫下的数据权属场景化保护思考，https://mp.weixin.qq.com/s/Jg3bL5M-j9ksBto8e8xJzQ.

数据寡头、数据垄断、数据孤岛等现象将会更加严重，从而阻碍数字经济的发展和数据价值的开发。

其次，原始数据与数据产品相比，前者并没有包含数据原始收集者除去收集之外更多的加工、创造的知识和劳动，其价值的开发往往还在于第三方数据需求者投入更多的劳动和创造[①]，因此在满足合法获取、合法使用（包括以公示等形式保障数据原始生产者个人的知情权，以合约等形式保障数据原始收集者的知情权、必要的收益权等权益）的前提下，此种场景下数据占有权的转移也应当得到法律的承认。虽然在获取原始数据的层面上，该类型数据“有限制的占有权”的获取也有“搭便车”的嫌疑，但考虑到数据的公共属性、数据的差异化服务、数据价值的开发和创新，原则上应当支持数据的共享。

最后，如果争议中的相关数据不涉及用户隐私，比如数据对全部用户无差异地公开发布、人人可见，此时就应促进此类数据的共享和互联互通，赋予第三方数据需求者“有限制的占有权”。例如，在HiQ诉领英案中，法官的判决意见认为，既然用户设置了其个人内容可被公众查看，那么用户本质上是期望其公开的个人资料被搜索、挖掘、加工和分析的；同时，如果授予像领英这样的私人实体全面的数据控制权，那么它们便可以合法地阻止其他任意第三方数据需求者获取其网站的公开数据，这可能会对公众的数据人格权、数据自由流动产生严重威胁，直接导致数据垄断并危害社会福利。因此，对于公开数据，即使违反对方设置的robots协议（爬虫协议），数据爬取也是合理的。

对于上述个人与平台的数据利益期待发生冲突下的实践解决方案，有学者提出可以通过“强制交易规则”，在对方或者第三方支付合理对价的情形下（可以是用户为可携权的形式支付成本，如日本；或者通过收看携入平台的广告等方式支付隐形对价；也可以是第三方

① 参见丁晓东：数据到底属于谁？——从网络爬虫看平台数据权属与数据保护，华东政法大学学报，https://mp.weixin.qq.com/s/ZdLkRowhUl-yE9vTEepivQ.

平台自己支付必要的对价，在一些公益性、公共基础性质较大的数据转移中，共享也应当被提倡），使数据占有的转移得以发生。例如，以“强制卖方报价加第三方征税”的方式，即卖方对其控制的数据进行登记并给出主观估价，任何第三方只要愿意支付该估价即有权主张数据权利；为避免卖方过高估价，政府根据卖方报价征税。这主要考虑到了多方参与者的利益，一是促使有益的数据开发行为得到数据资源的支持，二是引入相应的利益回报和协调机制有利于保证数据原始收集者的财产性权益，以维持其继续生产、投资的积极性，以及其他潜在市场进入者的积极性。①

五、公共数据

公共数据主要包括大自然等提供的公开数据，比如气象数据、地理数据，同时也包括政府数据（涉及机密数据的，公众不能无条件获取），企业等向全社会公开的数据，比如政务公开数据、企业完全公开的数据等。公共数据的所有权归国家所有，公众对合法获取的公共数据所加工形成的数据产品具有“有限制的占有权”。

注意公共数据不同于数据权属的另一种观点“数据属于公众所有”。后者认为，介入互联网的数据具有绝对的公共属性，不属于任何私人或企业。支持“数据公众所有论”的学者和理论主要有：哈佛大学法学院的 Laurence Tribe 教授、网络法者 Orin Kerr 教授认为，数据的本质是一种言论，言论的本质就在于开放、流动和共享，因此数据访问权是一种言论自由的权利，受到美国《宪法》的保护。我国的互联网评论家方兴东也从互联网的 TCP/IP 协议、网络治理机制等角度出发，提出互联网拥有“开放、共享、自由、平等的核心价值观和技术规则”与“无歧视、无选择、无条件的互联互通”。在这种国家所有数据资源的观点下，有学者呼吁做出相应的制度安排，比如对

① 参见包晓丽、熊丙万．通讯录数据中的社会关系资本，中国法律评论，https://mp.weixin.qq.com/s/PMCBRgngKjItTEffvaRF0w.

数据经营者设定“一般行政许可”，并对特定规模的市场经营者征收“数字税”，通过国家的公共财政“反哺”公众。[①]但此种观点更多是作为数据具有公共属性的说明，并没有成为主流意义上的数据权归属结论。不过，本节所讨论的公共数据的重点不在于此，而在于某些情况下或者某些类型的数据权属应当赋予全社会公众的数据。

公众所有数据体现的是大数据时代“数据主体在民”的思想，权属归于公众（国家）所有。例如，公共设施数据或者其他依照法律直接或间接获取的各类政务信息数据，其所有权归国家所有，各级政府部门代行国家的储存、管理、利用的职能，如果行政机关将数据的使用权暂时委托给企业，则企业享有运营、开发政府数据的权利，自然人、法人或其他公众群体则享有依法获取并使用政府数据的相应权利。[②]奥巴马在其任期第一天便签署了《透明和开放政府备忘录》（Memorandum of Transparency and Open Government），要求开放政府数据等。随后，世界第一个政府数据开放平台 Data.gov 也开始运行。近年来，我国对政务公开的要求、各地政府大数据平台的建立则体现了对公民知情权的尊重，政府数据共享、开发则强调政府数据的互通和数据价值的进一步开发，但对政府数据的利用则应具有一定的限制条件，[③]例如须得签订使用条款合约、遵守保密条款、促进公众使用和福利增加等。有研究者提出，对政府数据的开发和使用不应当是无偿的，无偿将明显有利于具有资本和专业知识的大型企业，政府应当将这从政府数据交易中获取的收益重点用于数字经济的再分配。[④]也有学者提出，由于政府数据产生的财产收益理论上应当归属于社会

---

① 参见张玉洁 . 国家所有：数据资源权属的中国方案与制度展开，政治与法律编辑部，https://mp.weixin.qq.com/s/lVfBassPUdsuK38vuB0JQA.

② 参见人工智能与网络法前沿，区块链技术视野下的数据权属问题，https://mp.weixin.qq.com/s/pZyGZbxhNSDwT-yYNQ3InA.

③ 参见赵碧凡 . 论中国政府数据开放的专门立法与增益保护，清华大学智能法治研究院，https://mp.weixin.qq.com/s/1X8kXuhZhU0y-1XlKfqdHA.

④ 参见中澳大数据研究院 . 政务数据资源的权属界定研究，https://mp.weixin.qq.com/s/A-_Cj5zZZA1UyqepGGKs6w.

公众，因此政府数据应采取免费开放策略。具体实施可以根据政府数据的使用目的进行分析，如果是基于公共利益、教育、科研等公共基础设施的应用，可以免费；但是，如果将政府数据用于商业用途，则有必要通过对企业收费，进而通过再分配使得公众共享公共数据的收益。

公共数据除了来源于政府的公开数据，还可能来源于企业和大自然。例如，对大自然的气象水文数据进行收集、加工后，该收集加工者享有对数据文件的“有限制的占有权”。刑事案件的罪犯公开数据往往也属于公众数据，但公众对其的使用也并不是完全没有限制的。再比如，大数据在疫情期间，感染人群的活动轨迹、位置数据等必要且匿名公开的数据属于公共数据，但公众在使用、传播该公众数据的过程中必须受到维护公民个体隐私的限制。例如，2020 年 12 月初，通过对疫情防治公开数据的再度识别，继而泄漏成都新冠肺炎确诊女孩隐私的男子便被警方处罚。①

六、数据主权

数据主权是指一个国家对其政权管辖地域范围内个人、企业和相关组织所产生的文字、图片、音视频、代码、程序等全部数据在产生、收集、存储、传输、分析、管理、保护等过程中拥有的最高管辖权。②国家享有运用数据进行社会管理、服务、公共安全治理的权力；国家对关乎国家安全等的数据跨国流动享有管理和控制的权力；国家享有对网络犯罪活动全生命周期涉及其管辖范围的司法处置权力；国家享有对其他国家可能发动的数据网络战的防御和反制权力。数据主权是一种新型国家主权，是国家主权在网络空间的核心表现，是关乎国家安全、公共安全的数据主权主张。数据主权主要体现为数据控制权、

---

① 参见澎湃新闻：男子泄露成都确诊女孩隐私信息，被警方处罚，https://m.thepaper.cn/newsDetail_forward_10350647.

② 资料来源：https://opinion.huanqiu.com/article/9CaKrnJHvMP.

数据产业和数据技术的自主发展权、数据立法权和反对网络战权等（连玉明，2020[①]；陈智敏，2020[②]）。

是否掌握数据控制权是主权国家在国际上是否具有话语权的关键因素。因此，国家对辖区数据资源的控制权，即国家对关乎国家安全、公共安全、商业秘密、公民个人隐私安全等的数据享有最高管辖权，是保证国家和人民福祉、维护国家安全和社会稳定的根本，是防止被其他数据强国侵犯和控制的关键。

数据产业和数据技术的自主发展权属于国家的内部事务，应当得到国家的大力支持，也应当不受他国干预。随着近年来高端信息技术，比如软件、芯片等被发达国家掌控，发展中国家技术严重依赖于发达国家的局面的形成，数据霸权出现的可能性越来越大，近年美国对华为、中兴等高科技技术企业的封锁充分折射出我国数据产业和数据技术的自主发展能力有待加强的现实。

数据立法权是国家数据的控制权、发展权，是维护本国数据安全的重要保障。大部分国家纷纷以保护国家安全为由，要求数据进行“本地化存储”。如，印度、伊朗等国家要求本国数据完全存储在境内，严禁数据出境。再如，美国依据《出口管理条例》（EAR）对军民两用技术的技术参数数据及数据库的数据提出限制出境或严格审查出境要求，同时限制外商对包括数据在内的高科技领域进行投资以防止技术扩散。俄罗斯要求本国公民的电子通信、社交数据需要“本地化”；欧盟要求数据得到当地法律保护或合同约束之后才能出境。当然，不少国家，例如美国正在积极通过法案法规等的出台，赋予政府和企业获取域外管辖区的数据的权力。[③]因此，对关乎我国国家安全的数据，应当结合《国家安全法》《反间谍法》等进一步完善主权范围和战略

① 连玉明．数权法 2.0：数权的制度构建 [M]. 北京：社会科学文献出版社，2020.

② 参见陈智敏．大数据助力抗疫，数据权属主体在民，主权在国，https://mp.weixin.qq.com/s/22DStnsABDRj4KBV-5nJrg.

③ 参见付伟．全球数据治理体系建设与中国的路径选择研究，大数据和人工智能法律研究院，https://mp.weixin.qq.com/s/NnJm62g-be76aiGWge8_cg.

制度，[①] 保证中国不受其他任何国家的非法干涉和限制。

在国家主权中，数据主权应当被置于重要战略地位，同时也要注意其与允许跨境数据流动的平衡。在充分保障我国数据主权的同时，提倡有益的数据跨境自由流动，发挥数据对提升人类社会福祉的功能。

第三节　数权的保护

对各数据主体权益的保护需要贯穿到数据生产的准备、生产环境等事前场景，数据采集、存储、运输、处理、使用、交易等生产流转的事中场景，以及发生数据泄漏等威胁各数据主体权益情况下的事后场景中。

首先，通过大数据安全标准化、制定数据分类分级标准，包括隐私分级保护标准和制度等，奠定等级保护制度的基础。[②] 其次，结合数据从产生、使用到流转等整个事前、事中、事后全生命周期制定数据保护和监管制度。[③] 另外，在传统的法律体系和区块链、人工智能等新型监管技术的框架下，数权保护有了更多法律和技术上的支撑。

任何正在从事或拟从事数据采集、使用、流转等数据业务的个人、法人或非法人组织在进行数据采集前，应当对数据的获取、处理规则及相应的风险评估及解决方案有足够的了解和准备。从现行《网络安全法》《个人信息安全规范》和《个人信息保护法》等相关法律法规的有关条款来看，对于包含个人隐私、个人敏感数据等个人数据的采集须遵循明示同意、风险评估、准确记录、保护义务延伸等原则。在数据经过严格匿名化之后，企业享有所生产数据文件的“有限制的占

---

① 参见陈智敏. 数字经济中的数据权属问题，TUSRAC 清华大学社会风险评估中心，https://mp.weixin.qq.com/s/MYEaVsKzJLXlqNm4e3LGuQ.

② 同上。

③ 参见中国信息通信研究院王融. 无处安放的数据权属，ARB 阿里商业评论，https://mp.weixin.qq.com/s/CaEMD_IYfY6zNEMGt_t0mw.

有权”，且在对包含个人数据的数据文件的使用、交易过程中，鼓励或规定应当对使用目的、交易对象等进行公示等以提高透明度。如果数据收集 / 加工主体获取已匿名的个人数据之后，在没有得到用户知情同意或侵犯用户其他合法数据权益的情况下，便再次恢复数据的可识别性，则应认为其涉嫌违法。数据使用的全生命过程中要遵循“谁使用谁负责”的原则，且对整个过程中的各具体场景的潜在安全和隐私风险进行评估，并同时对直接交易的第三方对象采取防止匿名数据再度可识别化等的措施。

在数据使用的系列过程中，包括但不限于采集、存储、运输、处理、开发等，同样要坚定落实“谁使用谁负责”的原则，对数据使用者施加有效的行为约束。例如，在采集阶段，规避过度采集用户数据的行为（包括对数据采取分级保护制度，赋予个人对某些类型数据、某些场景下的数据采集的选择权）。在存储阶段增加透明度，给予数据原始生产者个人和相关部门了解、监管的空间。在传输流转阶段，严防用户数据泄漏和倒卖事件的发生，并根据案件严重性，对涉嫌故意泄露、倒卖用户数据的相关实体进行严厉的惩治。例如，圆通快递近几年多次发生用户信息泄漏事件体现了这一环节的防治不力的现状。在处理阶段和使用阶段，应当充分考虑到“脱敏”是一个动态化、情景化、结构化的要求，需要预防脱敏数据再度可识别化，同时对数据使用者的占有权的限制性给予恰当的关注和监管。在数据收益分配阶段，数据原始生产者个人、数据收集和加工企业以及其他数据需求方的收益分配则应当充分体现贡献价值决定分配的原则。

具体到持续的安全隐私风险防范的操作，可以考虑：完善的风险预警和管理预案；通过数据分级保护制度，对敏感数据、安全数据的使用进行严格的目的限制；对匿名数据使用者的员工进行安全培训，若员工发生泄漏行为，企业应当负有连带责任；对通过关联其他数据的再度可识别化进行管理；限制对匿名数据的再披露；禁止未经法律途径获个人同意批准的数据的重新再识别行为；对数据进行必要的加密、秘钥管理；在项目完成后对数据的分块储存、销毁进行协议安排；以及有效的责任追究机制。在这方面，美国有过著名的案例，如 FTC 指控 InfoTrax 公司因为未能实施合理的安保措施，以至于黑客取得了将近一百万消费者的个人数据。[①] 因此，FTC 投票以 5 ∶ 0 通过决议，要求 InfoTrax 公司每两年接受第三方对其个人信息保护项目的评估。

在数据生产使用的事后阶段，应当进一步完善个人数据及其他重要数据泄露之后各方的义务和责任分配，包括当把数据交易给其他第三方机构时，须得通过合同、IT 审计等方式对交易对象的行为予以监督。同时，对用户进行隐私保护、泄漏救济等方面的教育，以及一旦发生隐私、安全事故，应当立即启动应急预案、通知关联方，并与受害人、监管部门联合进行补救等。

在进行数权保护时，应当毫不犹豫地支持“谁使用谁负责”的原则，落实数据使用者在保护数据隐私和安全等方面的应尽责任。但与此同时，也得考虑到不同行业、类型的数据处理公司对数据安全和隐私风险的危害是不同的，不同市场规模、技术能力的公司在满足数据合规的代价和能力方面也是不同的。如果一视同仁地对所有企业进行合规要求，非但没有必要，还可能进一步阻碍互联网企业竞争，从而加剧数据市场垄断。因此，应该充分尊重数据公司及数据本身的使用场景、规模、潜在风险等具体情形，在对数据全生命周期进行合规监管时充分考虑行业、企业、数据类型和应用场景等。

我国现行《网络安全法》《电子商务法》《反不正当竞争法》《知识产权法》等法律法规尽管存在不少局限性，但是仍然部分适用于数权保护，能够提供不少情景下的实务帮助。例如，可以通过《反不正当竞争法》保护数据采集、加工者的合理合法权益。数据采集者通过合法经营，投入时间、人力、物力和财力从而采集、加工数据形成数据产品，以期为自己的市场竞争积累优势，因而理应享有数据产品的

① 资料来源：FTC 官网，日期：2019 年 11 月 12 日。

增益权等占有权。数据使用者、法院可通过《反不正当竞争法》等法律法规，推动诚实经营、公平竞争的市场环境的形成，规制不劳而获、“搭便车”等行为。目前，在已发生的数据权属争议中，法院基本上采用了《反不正当竞争法》的基本规制思路。美国和欧盟也有类似的观点和做法。当然也有学者提出，《反不正当竞争法》所能提供的保护其实是将数据使用者的权利降格为纯粹经济利益的消极防御权利，只有受到侵害时才能获得救济。

《知识产权法》可用于对具有独创性、知识性的数据文件的保护。例如，欧洲除了保护数据库的原创性汇编部分外，如果创造数据库“需要足够的人力、技术和财政资源”，那么该数据库将享有受法律保护的特殊权利。美国与此相似，也是通过数据库保护来保护涉及数据库中的原创性汇编的要素，但美国并不保护数据库中的事实部分，认为版权保护只保护创新部分，数据本身仍归公众所有。例如，在费斯特（Feist Publ’ns Inc. vs. Rural Tel. Serv. Co.）案中，费斯特未经许可即拷贝了一本电话号码汇编，但美国最高法院最终判定费斯特并不违反版权。

除此之外，正如知识产权的保护也并不涉及个人数据等没有独创性、可重复、可同时使用的权利，隐私权法案、合同法等都不能独立或者联合覆盖数据权利保护的需求，都与数权保护机制有所不同。随着《个人信息保护法》的落地实施，我国的个人数据权利保护将得到更全面的保障。

最后，人工智能、区块链技术，因其数据的实时触达性[①]、不可更改性、激励相容性、分级权限控制性、智能合约的自动执行功能等特点，在保护数权当中可以被予以更多重视，发挥更大作用。例如，有研究者提出开放监管的策略，通过以链治链、以人工智能治理人工智能，以及更多监管科技本身，来实现监管上的实时、高效、低成本

① 参见程啸：区块链技术视野下的数据权属问题，计算机网络犯罪辩护研究，https://mp.weixin.qq.com/s/JvywCS4__o_E4umT8GZlxg.

的数据共享。[①] 再如，可以充分利用区块链的分级权限控制、有效度量和激励相容的方式，通过联盟链、私有链等形式，由参与成员对链上数据的权属、利用方式约定共识，从而保证数据使用记录的可追溯和可监管。

① 参见大类资产配置：开放银行数据权属问题如何解？https://mp.weixin.qq.com/s/uPFO98x8FFIjG28QK8LynQ.

第二部分

数据的流通

第三章　数据资产及其交易

第一节　数据资产及其特点

一、数据资产的特点

数据在当下的大数据时代，是产生知识的核心要素和工具，而知识是当前经济发展的核心驱动力。数字经济时代下，“数据是新的石油”，是最重要的大宗商品。微观来看，数据要素逐渐成为企业突破资源和路径依赖的助力；宏观上来说，数据要素是推动全局性智能决策和资源动态优化配置，提升产业全要素生产率的关键，也是推动生态、低碳、可持续发展和整合全国乃至全球产业链的可行方法。

基于第二章对“数据文件”“数据内容”等的分别界权，数据产品交易的合法化前提已确立——数据是一种可确权的商品。一般而言，资产的核心特征主要包含三点：未来的收益性，所有者拥有对资产的“控制权”①，资产是过往交易的结果（Godfrey 等，2010②）。数据产品可为使用者带来预期收益，其合法控制者可以享有使用权和相关的财产权益等，同时数据产品是过往购买行为、对企业或个人行为的记录和整理的结果，因此，数据产品属于资产（Henderson 等，2015③）。但数据资产因其自身特点，其价值衡量与传统资产和金融

① 这里的控制权主要指的是资产所有者可以排他性享受所持有的资产的收益。

② Godfrey，J. et al(2010)，*Accounting Theory*，Wiley & Sons.

③ Henderson，S. et al(2015). *Issues in Financial Accounting*，Pearson Higher Education Australia.

资产有较大差异（Glazer，1993[①]；Moody 和 Walsh，1999[②]）。

数据资产与传统资产最大的区别在于数据资产可被无限分享和复制，且被分享和复制的数据资产不仅在一定程度上具有非竞争性，即使用者的增多并不会带来数据资产本身价值的受损（Moody 和 Walsh，1999[③]），而且稍作改变又能生成新的数据资产。然而，这给数据资产交易造成了困扰——只有少数情况下，数据产品的分享会给数据拥有者（包括厂商或个人）带来不利竞争（比如与其构成商业竞争关系）；当数据资产的复制几乎没有物理成本也不会损害个人或厂商的福利，甚至还会给分享者创收时，即便理论上可以进行数据界权，也很难制止用户二次转售数据资产的行为，而这会直接损害数据文件创作者的利益。这是数据交易需要克服的难题之一。另外，数据资产只有被使用才会产生价值（没有被使用的数据资产事实上是企业的负债），数据资产的价值在于改善数据资产持有者的决策和行为（Ackoff，1967[④]；熊励等，2018[⑤]）。

与传统资产相比，数据资产的价值衡量需要考虑如下特点：首先，数据资产的价值在交易前具有不确定性，买方如果不了解该数据资产的详细信息，较难明确其能带来的效用价值，也就是“信息悖论”

---

① Glazer, R. (1993). “Measuring the value of information: The information intensive organization”, *IBM Systems Journal,* 32(1), pp. 99–110.

② Moody, D. and Walsh, P. (1999). “Measuring The Value Of Information: An Asset Valuation Approach”, in *Seventh European Conference on Information Systems* (*ECIS'99*), pp. 1–17. doi: citeulike:9316228.

③ Moody, D. & P. Walsh(1999). “Measuring the value of information: an asset valuation approach”, Proceedings of Seventh European Conference on Information Systems(ECIS’ 99):1-17.

④ Ackoff, R. L.(1967). “Management misinformation systems”, *Management Science*, 14(4):B147-B156.

⑤ 熊励，刘明明，许肇然 . 关于我国数据产品定价机制研究——基于客户感知价值理论的分析 [J]. 价格理论与实践 ,2018 (04).147-150.

（Kerber，2016[①]）。其次，数据资产的价值具有协调性（Babaioff，2012[②]），与不同的数据产品组合可以带来不同的价值，这导致数据资产具有范围经济的特征。与此相对应，数据资产还具有自生性（self-generating），当同一组织或个人拥有的数据资产组合越多，这些数据资产彼此之间越可能相互结合，产生新的数据资产（Glazer，1993[③]），从而创造更多的价值。数据的协调性和自生性赋予数据资产另一属性，网络外部性，即数据产品的使用者越多，价值越高，比如谷歌（Google）、微信（Wechat）、线上游戏等提供服务[④]的平台企业，使用个体越多会吸引更多的使用者（Tomak和Keskin，2008[⑤]），平台的数据资产价值也就越大。再者，尽管数据资产产品首次创作成本高——数据整合需要对不同系统来源的数据信息进行大量的人工干预、翻译和融合（English，1993[⑥]），但根据摩尔定律[⑦]，随着大数据技术和人工智能的发展，数据资产的整合和储存等成本将进一步降低，数据资产产品的首次创作成本也将下降，而且数据资产的再生产边际成本接近为零。

数据要素的价值无法唯一地度量。它与数据本身的体量、质量、时效性、整合程度之间存在一定的相关性，也与具体的应用场景相关。

---

① Kerber, W.(2016), "A new, intellectual, property right for non-personal data? An economic analysis", Gewerblicher Rechtsschutz und Urheberrecht, Internationaler Teil 11:989-998.

② Babaioff, M. et al(2012). "Optimal mechanisms for selling information", Proceedings of the 13th ACM Conference on Electronic Commerce(EC' 12):92-109.

③ Glazer, R.(1993), "Measuring the value of information: The information intensive organization", *IBM Systems Journal*, 32(1):99-110.

④ 这些服务也包含平台企业提供的数据产品，如大数据偏好分析、个性服务推荐等。

⑤ Tomak, K. & T. Keskin(2008), "Exploring the trade-off between immediate gratification and delayed network externalities in the consumption of information goods", *European Journal of Operational Research*, 187(3): 887-902.

⑥ English, L. P.(1993), "Accountability to the rescue", *Database Programming and Design*, 6:54-54.

⑦ 参见因特尔首席执行官大卫·豪斯(David House)：Moore' s Law to roll on for another decade，https://www.cnet.com/news/moores-law-to-roll-on-for-another-decade/.

数据资产具有规模报酬递增的属性，随着数据产品中包含的有效数据内容的增多，该数据资产带来的价值越大；但在实践中和一些将数据用于企业（如亚马逊）的产品需求预测的实证研究中发现，数据量对预测和决策改善的价值达到顶峰之后可能下降（O’Reilly，1986[①]；Bajari 等，2018[②]）。除此之外，数据资产的价值与数据资产本身的质量、时效性、整合程度的关系也存在一定的不确定性，需要具体问题具体分析。例如，一般而言数据准确度越高，价值越大（Wang 和 Strong，1996[③]），但给定数据的准确程度，如果使用者知晓该数据资产的准确度，该信息的纳入同样有助于使用者进行决策矫正（Haebich，1997[④]），从而产生更高的价值。再如，某些对时效性要求较强的应用场景中，只有最新的数据才有价值，比如消费者的住址、定位（Moody 和 Walsh，1999[⑤]）；但对于另外一些应用场景，如学者研究、行为预测等，历史数据和当前数据的重要性差别并不大。同时，虽然一般情况下，数据整合度越高，其价值越大，但数据资产价值和整合程度并不呈现完全正相关关系。Goodhue 等（1992）[⑥]研究指出，数据价值与整合度呈抛物线关系，20% 的整合度可以达到 80% 的效用价值。Azevedo 等（2019）[⑦]的研究结果则表明互联网搜索中的

---

① O’Reilly, C.(1986), “Individuals and information overload in organizations: Is more necessarily better?”, *Academy of Management Journal*, 23(4):684.

② Bajari, P. et al(2018), “The impact of big data on firm performance: An empirical investigation”, *AEA Papers and Proceedings*, 109:33-37.

③ Wang, R. Y. & D. M. Strong(1996), “Beyond accuracy: What data quality means to data consumers”, *Journal of Management Information Systems*, 12(4): 5-34.

④ Haebich, W.(1997), “A methodology for data quality management”, Proceedings of the 1997 Conference on Information Quality, Massachusetts Institute of Technology.

⑤ Moody, D. & P. Walsh(1999). “Measuring the value of information: an asset valuation approach”, Proceedings of Seventh European Conference on Information Systems(ECIS’ 99):1-17.

⑥ Goodhue, D., Wybo, M. and Kirsch, L. (1992), “The Impact of Data Integration on the Costs and Benefits of Information Systems”, *MIS Quarterly*, 16(3), p. 293.

⑦ Azevedo, E. M. 等 . (2019), *A/B Testing with Fat Tails*. Available at: https://eduardomazevedo.github.io/papers/azevedo-et-al-ab.pdf.

A/B 测试结果的分布可能是厚尾的：罕见的结果可能有非常高的回报。

此外，数据资产还与金融资产不同。数据资产的价值与使用者的异质性密切相关，使用者的目的、知识、能力、已有数据资产的不同，将导致同样的数据资产对于不同的买者价值差异很大。因此，数据资产很难作为一个标准品进行价值评估。数据资产还存在价格外部性，Katz 和 Shapiro（1985）① 指出数据价格的公开将会泄漏数据的价值。因此，有研究者利用"基金论"价值衡量方法，提出将数据文件加工之后以基金（fund）的形式进行交易，从数据金融资产的销量入手，通过调节数据产品基金的每股价格，控制用户数量和销量（Admati 和 Pfleiderer，1990②）.

以成本定价为指导思想，不少学者从信息产品（information goods）的成本出发，对其低成本特征进行总结。Brynjolfsson 和 Smith（2000）③ 指出由于网络的便捷性，信息产品的搜索成本较低；由于可以节省传统制造业环节的原材料、供应链等成本耗费，信息产品的生产成本也较低（Gilchrist，2016④）；此外信息产品的复制成本、运输成本、跟踪和验证成本都较低（Lerner 等，2006⑤；Friedman，2005⑥；Shapiro 等，1998⑦），其中，跟踪和验证成本主要指的是通

① Katz, M. L. and Shapiro, C. (1985), "Network externalities, competition, and compatibility", *American Economic Review*, 75(3), pp. 424–440. doi: 10.2307/1814809.

② Admati, A. R. and Pfleiderer, P. (1990), "Direct and Indirect Sale of Information", *The Econometric Society*, 58(4), pp. 901–928.

③ E. Brynjolfsson and M. D. Smith(2000), "Frictionless commerce? a comparison of internet and conventional retailers." *Management Science*, 46(4):563–585, 2000.

④ A. Gilchrist. *Industry 4.0: The Industrial Internet of Things*. Apress, USA, 1st edition, 2016.

⑤ J. Lerner, P. A. Pathak, and J. Tirole(2006), "The dynamics of open-source contributors", *American Economic Review*, 96(2):114–118.

⑥ T. L. Friedman. The world is flat : a brief history of the twenty-first century / Thomas L. Friedman. Farrar, Straus and Giroux,, New York :, 1st ed. edition, 2005. Includes index.

⑦ C. Shapiro, S. Carl, H. Varian, and H. B. Press. Information Rules: A Strategic Guide to the Network Economy. Strategy/Technology / Harvard Business School Press. Harvard Business School Press, 1998.

过对历史行为等用户画像的刻画获取真实的客户信息，从而帮助商家降低信息不对称的劣势，当然这一点也饱受争议。可以发现，数据要素在成本、价格公开的影响方面也与普通要素不同。由于数据整合涉及对不同系统来源的数据信息进行大量的人工干预、翻译和融合，数据要素首次创作成本高，但根据摩尔定律，随着大数据技术的发展，数据要素的整合和储存等成本将进一步降低。但是，由于数据的公开会泄漏数据的价值，数据的广泛流动可能会降低数据对某些需求者的价值，因而再生产的实际边际成本也可能较大。

二、数据产品和数字产品

值得一提的是，生活中的数据大致分为两个层次：一是数字化产品（digital goods），它指的是以数字形式存储、表现和使用的人类创制出来的思想、知识成果，比如网易云歌曲、电子文献、在线课程、电子图片等；二是数字化的数据（data goods），由网络、传感器和智能设备等记录的关于特定对象（可以是任意物体、人和其他对象）的行为轨迹和关联信息，可联结、可整合和可关联某特定对象，具有较强的分析价值，如各种机器生产和采集的内容。[①] 数据要素化着重指的是数字化的数据，也就是前文所说的数据产品（数据资产）。

但数字产品和数据产品并非界限分明，在一些情况下，信息形成的产品既可以是数据产品，也可以是数字产品。例如，平台的消费者评论当被客户在线阅读时，是一种数字产品，但当这些评论通过分析工具进行批量收集和处理形成具有系统分析价值的大数据时，这些评论的系统集合也就成了数据产品。数据产品和数字产品同时也具有一定的区别，因此，二者的定价方式可在一定程度上相互借鉴（Pei,

① 参见律商视点，数据开放与数据权属之间，http://www.cbdio.com/BigData/2020-07/03/content_6157941.htm.

2020[①]）。

第一，数字产品和数据产品最主要的区别在于最低的单位粒度是否具有独立的价值。电影和音乐通常是以单位形式（如一部电影、一首歌、一张专辑）独立消费和定价的。一本电子书便有其独立的价值，数本电子书同时被消费，整体的价值并不会因为书籍数量的增多而产生显著的差异，甚至可能还会打折。但是，数据集中一条记录的价值是很微小的，一条匿名化的消费者购买记录没有什么分析价值，几乎不可能被单独销售，但多条数据单元集合在一起却能产生巨大的价值。而且，数据产品的定价和消费的单位通常因客户而异，同样的数据内容以不同对象、不同纬度整合在一起时可能会具有不同的价值（例如，同一批匿名化个体的“双 12”购买记录和某个省份的“双 12”购买记录组成的数据文件价值不一），甚至同一个数据产品也很少会有一致的定价。

第二，数据产品具有很强的、灵活的可聚合性，不同单位粒度数据整合在一起具有不同的价值。这在上一点也有所涉及，数据的可聚合性为数据产品的价值提供了诸多可能，有学者据此也认为对数据产品的定价需要考虑无套利性（Li 等，2015[②]；Koutris 等，2012[③]）。虽然数字电影、数字音乐等数字产品通常也被捆绑销售，但是其价值却不会因此而有所改变，更多的是利用数字产品的低复制成本来促进其价值实现。

第三，数字产品和数据产品的价值产生方式和消费手段也大不相同。数字产品通过直接被人们消费来产生价值，比如人们看数字电影、

① Pei, J. (2020). A Survey on Data Pricing: From Economics to Data Science. *ArXiv:2009.04462 [Cs, Econ]*. http://arxiv.org/abs/2009.04462

② C. Li, D. Y. Li, G. Miklau, and D. Suciu. A theory of pricing private data. ACM Trans. Database Syst., 39(4), Dec. 2015.

③ P. Koutris, P. Upadhyaya, M. Balazinska, B. Howe, and D. Suciu. Querybased data pricing. In Proceedings of the 31st ACM SIGMOD-SIGACTSIGAI Symposium on Principles of Database Systems, PODS’12, pages 167–178, New York, NY, USA, 2012. Association for Computing Machinery.

听数字音乐、读电子文章等，而数据产品则通常需要被人们通过计算机等工具进行挖掘、分析才会产生价值。因此，数字产品多可以通过专利法、知识产权法等方式进行保护，而数据产品的价值主要来源于对原始组合数据内容的分析（特殊情况下数据内容本身的创新会产生价值，例如具有独创性的挖掘方法、计算方法等），专利法等则较少被直接用于保护数据产品。

第四，虽然数据产品和数字产品的可复制性都很强，但数字产品仍然通常以一个单位形式的产品独立被消费，而数据产品则由于其可聚合性而能够以更多元的形式改变、转换和转售，相比数字产品其转售性更不可查。

当然，数字产品和数据产品还有其他差异，上述主要差异导致二者交易方式、定价原则和方法各有不同。

第二节　数据资产的流动方式

一、数据流通的难点

按照来源，数据可大致分为个人数据、企业数据和公共数据三类。各类数据流通难点在有共性的基础上，也存在着个性。

数据流通的共性难点包括四个方面。其一，数据的可复制性。数据可被无限分享和复制，且这种复制往往具有不可追溯性。同时，数据的复制没有物理成本，因而很难防止数据购买者将数据进行再次转售，从而造成数据的非法买卖和隐私安全隐患。为防止数据转售和滥用，数据所有者将更愿意封锁数据，而不愿意交易数据，这又进一步降低了合法交易市场的数据流动。其二，数据交易具有事前不确定性。由于买方在交易前不了解该数据资产的详细信息，会较难明确其能带来的效用价值。这意味着数据交易需要事前磋商，包括提供数据小样等。同时，数据交易也存在着卖方发送的数据和事前描述不符等问题，因而存在数据交易争议的可能。如果数据交易的事前磋商、具体的交易流程和获取数据的真实情况等无法追溯，数据交易中将不可避免存在大量的欺诈行为和争议，这十分不利于维护数据市场参与者的利益和积极性，降低数据的流动性。其三，数据交易的不可逆性与一般物品的电商交易不同，数据无法“退货”。即当数据抵达购买人的电脑或邮箱时，数据事实上已经被购买者所拥有。即便购买者可以把数据退回，其依然可以在电脑上备份。因而，如果无法实现追溯，数据的购买者可以在备份数据之后不承认自己收到数据，或者拒收数据之后退回原数据。其四，数据的可整合性和非标准化。相同的数据集经过组合、拆分、调整可以形成不同的数据。因此，数据很难作为标准品，如同传统的商品一样，经由统一的方法和技术批量质检、核查、筛选等。

个人数据、企业数据和公共数据的流通又各自有着不同的难点。对于个人数据，隐私泄漏风险、禀赋效应、利益损害、边际价值小、维权困难等成为其流通难点。数据流动本身可能会泄露个人隐私，即便是看起来关系很远的两份匿名数据，重新合并之后可能也会去匿名化。企业也可以很容易地通过“不公平合同”等方式要求个人转让数据，提高隐私泄露风险。个人数据具有“人格化属性”和“禀赋效应”，即个人对自我数据的估值可能超过公允价值，从而导致个人不愿意交换数据。个人数据除了在当下交易的这个场景被使用，还会被用于不同的其他场景。如果企业对数据的使用不进行明确的说明或及时公示，可能会损害个人的利益。例如，农业数据还可以影响大宗商品市场、金融市场、房地产市场（土地数据）等，虽然数据的广泛流通会降低这些市场的信息不对称性，但这可能是对原先农民所享有的信息优势的一种不公平的收益转移。单个用户数据本身的边际价值很小，经济价值和隐私价值之间如何权衡是一个需要考虑的问题。个人数据权益的维权很类似于“集体行动的困难”，需要配套比较完善的制度、规则等顶层设计去辅助维权。

对于企业数据，其难以流通的原因有：其一，行业竞争或者垄断致使企业不愿意参与交易。企业可能因担心自己的数据对外交易会加剧竞争、削减市场势力，而减少数据交易量；垄断企业也可能占据数据垄断权，不出售数据。其二，对数据产权的担忧。如果法律对个人数据权过于强调，企业可能因为担心产权争议而不敢交易数据；根据美国农业数据的法规结果来看，这会促使企业之间结成联盟，通过内部共享数据但不对外交易，来减少和私人数据权的争议。其三，不同数据的价值密度不同，如果没有市场标准和定价度量标准等，企业可能滥竽充数，形成“柠檬市场”。

对于公共数据，公共数据的定义与范围、各级政府对数据收益的权利争议成为阻碍其流通的主要原因。何为公共数据？公共数据包含哪些内容？政府数据是国家公共数据，还是各级政府自己的公共数据？只有明确定义，才能讨论公共数据入市。① 另外，不同层级的政府与公共数据权。例如，行政村拥有对村公共数据的权利吗？抑或行政村的公共数据的权益归属于上级政府？再者，不同部门是否拥有各自数据的收益权？例如，民政部门的数据收益民政部门有自决权吗？如果将同级政府各自的公共数据汇合、共同收益，再进行价值分配，将可能涉及不同部门数据的成本、收益公平分配的难题等；如果各自享有收益权，则可能部门之间互相抵触共享和汇总数据，从而不能充分发挥数据的价值，甚至可能会形成政府内部的“数据孤岛”。

二、数据流通方式的比较

由于产权的完整性在传统经济学中是默认的，因此大多数对数据交易的研究集中于讨论数据产权属于消费者或企业的状态下，数据将如何流通、定价。根据数据生产者个体、数据收集者和其他数据需求者的核心需求、动机等分别赋予其有限制的数据权利是有效促进数据

---

① 2021 年 10 月 25 日，广东省印发《公共数据管理办法》。该《办法》系国内首次将公共服务供给方数据纳入公共数据范畴，首次从省级立法层面落实“一数一源”，首次明确数据交易标的。相信在之后的探索和尝试中，这些公共数据入市的困难都将得到解决。

交易的重要手段。但是，我们需要注意到即便对各个市场参与主体赋予的数权是有限制的，各主体仍然应当享有其在数据文件中因其付出的劳动、知识等贡献所凝结部分的数据权利。比如，个人可依据关联自己的数据内容享受经济收益，数据收集者可凭借自己收集、整理、加工数据的劳动和知识享受独立的经济收益，因此，即便在促进共享、交易的核心思想下分别进行有限制的数权界定，数据流通仍然脱离不了最本质的经济原理。

Vives（1988[①]、1990[②]）研究发现，在需求不确定的古诺有限竞争和完全竞争市场中，企业之间进行数据共享可以显著提高社会福利，若数据获得成本较高，社会福利损失会更大。因而，大量经济学研究关注数据流动的多种途径，主要包括企业主动共享、自留使用，或者通过第三方独立收集和处理数据的“数据销售商”进行交易。以下将从不同的情景对此展开综述。

如果数据原始个体或公司既提供数据又使用数据，即与数据产品买方存在竞争，或这些数据产品的运用可能会减少消费者福利（如企业利用消费数据进行价格歧视），此时，若机构和个人主动分享数据资产则违背了理性假设（Currarini 和 Feri，1985[③]；Vives，1984[④]；Jones 和 Tonetti，2019[⑤]）。Easley 等（2018）[⑥] 假设了一个古诺竞争、需求不确定、没有数据资产供应商的基准经济（benchmark economy）模型，数据共享

① Vives, X. (1988), “Aggregation of Information in Large Cournot Markets”, *Econometrica*, 56(4), p. 851. doi: 10.2307/1912702.

② Vives, X. (1990), “Trade Association Disclosure Rules , Incentives to Share Information , and Welfare”, *The RAND Journal of Economics*, 21(3), pp. 409–430.

③ Currarini, S. & F. Feri(1985), “Information sharing in oligopoly”, Econometrica 53(2):329-343.

④ Vives, X.(1984), “Duopoly information equilibrium: cournot and bertrand”, Journal of Economic Theory 34(1): 71-94.

⑤ Jones, C. I. and Tonetti, C. (2019), “Nonrivalry and the Economics of Data”, *American economic review*, 108(1), : 1–48.

⑥ Easley, D. et al(2018), “The economics of data”, Social Science Research Network Working Paper, No.3252870.

能促进企业更好地适应消费者的需求，从而改善消费者剩余和社会总福利；但企业竞争使得分享数据后企业利润减少，因此，数据资产的主动共享对于企业来说是一个囚徒困境，大家的上策都是不共享自身拥有的数据资产。另外，通过法令强制企业分享数据的方案则会产生社会成本，除去行政成本，企业还将通过各种各样的策略行为，如给数据加“噪声”、降低数据质量等，减少社会福利。美国证券交易委员会（United States Securities and Exchange Commission，SEC）2000 年颁布的《金融衍生工具法》（FD）规定上市公司必须向公众披露重大信息。但是，Cohen 等（2014）[①] 和 Bushee 等（2004）[②] 发现该法案的颁布促使公司们通过各种方式进行合谋，从而控制向公众发布的数据。Bailey 等（2003）[③] 则指出自 FD 法案颁布后，企业分享的数据质量显著降低。

当卖方同样是数据资产的消费者时，数据卖方选择交易还是自留使用受买卖双方风险偏好程度的影响。在将数据文件加工为数据基金进行交易的场景下，如果卖方是风险厌恶的，则卖方倾向于销售数据基金，而不是在二级市场中进一步和数据买方竞争（Bhattacharya 和 Pfleiderer，1985[④]）。Admati 和 Pfleiderer（1988）[⑤] 假设数据无法被二次销售（如数据时效性较强），如果数据所有者是风险中性的，则与销售数据产品相比，他更加倾向于自留使用以减少竞争；如果数据

① Cohen, L., Lou, D. and Malloy, C. (2014). *Playing Favorites: How Firms Prevent the Revelation of Bad News, Borsa Istanbul Finance & Economics Conference*. Available at: http://www.nber.org/papers/w19429.

② Bushee, B. J., Matsumoto, D. A. and Miller, G. S. (2004), “Managerial and investor responses to disclosure regulation: The case of Reg FD and conference calls”, *Accounting Review*, 79(3), pp. 617–643. doi: 10.2308/accr.2004.79.3.617.

③ Bailey, W. et al. (2003), “Regulation Fair Disclosure and Earnings Information: Market, Analyst, and Corporate Responses”, *Journal of Finance*, 58(6), pp. 2487–2514. doi: 10.1046/j.1540-6261.2003.00613.x.

④ Bhattacharya, S. & P. Pfleiderer(1985). “Delegated portfolio management”, *Journal of Economic Theory*, 36(1):1-25.

⑤ Admati, A. R. and Pfleiderer., P. (1988), “Selling and Trading on Information in Financial Markets”, *The American Economic Review*, 78(2), pp. 96–103.

所有者是风险厌恶的，其他数据交易买方是风险中性的，卖方倾向于销售数据以平衡风险分摊和竞争加剧带来的影响，自己不会利用数据资产进一步交易或者投入创新开发等；否则数据所有者将选择销售数据和继续运用数据参与竞争的混合策略。

如第一章所述，大多情况下企业的数据分享动机十分模糊，只有当数据共享有利于企业利润，企业才会分享数据。虽然随着人工智能相关技术和隐私保护需求的发展，联邦学习（Federated Learning）等分布式机器学习方案的出现推动了"知识共享而数据不共享"①，但在平台或消费者拥有数据资产的情况下，数据流通参与者的动机和最优决策并不会有根本性变化。因此，除法律规定具有某些特征的数据为公共所有外，作为第三方、独立收集和处理数据的"数据销售商"能更有效促进消费者、企业之间的数据流通。

如果原始数据提供者自己并不使用数据，即不与数据买方构成竞争，第三方"数据销售商"存在原因还在于，相比起单个的原始数据提供者，第三方"数据销售商"通常会从多种渠道、多个企业处收集和整合数据产品，相对来说，其提供的数据产品更加多元、综合。因此，原始的数据提供者通常需要平衡自我销售的成本节约效应（减少与第三方销售商的交易成本）和通过第三方销售的销量增加效应〔尤其是那些习惯从综合性数据公司购买数据产品的客户（Raith，1996②）〕。Liu 等（2015）③指出，如果数据产品的需求存在网络外部性，那么原始数据提供者的最优策略是同时进行自销售和第三方销售，并提供差异化数据产品：在自我销售渠道上销售高质量数据产品，

---

① 参见"白皮书重磅发布|37 页文档洞察联邦学习发展势态"[EB/OL]. 2020 年 4 月 8 日，https://mp.weixin.qq.com/s/p87gvyBBR1ww1GSFEKtneg，2020 年 10 月 21 日。

② Raith, M.(1996). "A general model of information sharing in oligopoly", *Journal of Economic Theory* 71(1):260-288.

③ Liu, Z., Li, M. and Kou, J. (2015), "Selling information products: Sale channel selection and versioning strategy with network externality", *International Journal of Production Economics*. Elsevier, 166, pp. 1-10. doi: 10.1016/j.ijpe.2015.04.006.

在第三方销售渠道上销售低质量数据产品。

第三方数据机构还可以为数据买方提供风险中和与激励机制。Akcigit 和 Liu（2016）[①]的研究指出，在一个两企业参与、“赢者通吃”、成功不确定的探索创新（如专利研究）模型中，由于企业激励不足，“死胡同”低效性（dead-end inefficiency）和过早出局低效性（early-switching inefficiency）普遍存在，这时由一个独立的第三方数据销售商来负责补偿创新失败企业的损失，才能弥补企业激励不足带来的社会福利损失。

三、数据分享

1. 数据分享的应用场景

考虑到数据的公共属性以及低复制成本等特点，促进数据分享也是制度设计的重要目标。虽然上一节指出了企业或个人的数据分享动机不足，而且通过法律法规强制要求企业分享数据会降低数据的质量，但是在非竞争条件下，一些公共属性较强、将对数据进行进一步开发的平台数据爬虫，制度安排的“原则上允许 / 强制交易”可以一定程度上减小企业降低数据质量的能力和可能性。但在一些情景下，数据分享同样是十分必要、不可忽视的数据流通选择。

当不同企业所掌握的数据文件需要进一步与其他企业的数据文件进行结合才能达到某些应用目标，而此时促进数据共享的成本低于彼此交易的成本时，共享数据将成为企业的一大主要选择。例如，在竞争市场的状态下，不同软件、平台所记录的数据往往是块状的、不完整的。再如，信贷市场上消费者可能在不同平台上贷款，在各个平台上的信用表现会有所不同，对于失信人群的分析如果只利用单个信贷平台的数据，则通过其单个数据集所得到的消费者的信用

① Akcigit, U. and Liu, Q. (2016), “The Role of Information in Innovation and Competition”, *Journal of the European Economic Association*, 14(4), pp. 828-870. doi: 10.1111/jeea.12153.

状况、资产状况、风险状况等结论都可能相对片面。另外，数据共享在联合机器学习的应用中也具有较大的需求。一些论坛性的数据共享和开发平台，例如Kaggle①试图通过众包的形式，鼓励数据的共享和模型开发，在艾滋病研究②、棋牌评级③和交通预测④等方面取得了一定成果。

对于具有公共基础设施、公共服务性质、公共价值的数据主体和数据，例如政府大数据、医院数据、国企数据、疫情数据等，促进各区域、各行业、各平台之间的数据共享是一个重要选择。国家呼吁打通政府数据、构建政府大数据平台体现了政府数据的公开和共享趋势。新冠肺炎疫情期间，交通运输、电信、医院、数据服务企业等多主体都加入到疫情数据分享过程中，例如Github疫情数据库的实时更新，对风险人群的迁移状况、风险区域排查、疑似病例排查、疫情发展和预防、传染病研究等都发挥了重要作用。

除此之外，对于隐私、伦理、安全等要求非常高以至于法律上对其交易有所限制的数据，应当通过技术手段对数据安全、隐私保护等方面予以严格控制。由于此类数据进入市场流通受到了法律限制，为了在合规的条件下解决数据孤岛问题、实现数据整合以产生更大的价值，设计和实施满足隐私保护、数据安全和数据共享的解决方案极为重要。因此，能够满足上述条件的联邦学习、差分隐私等技术得到了推崇和应用。

联邦学习是在数据不出本地的前提下，通过加密机制下的参数交换等方式进行数据联合训练，建立共享的机器学习模型。⑤该机器学习模型的主要特征是能够实现不泄露隐私和共同获益。各方数据都保

---

① 参见 https://www.kaggle.com/.

② Carpenter, Jennifer. May the Best Analyst Win. *Science Magazine*. February 2011，转引自维基百科，2020 年 12 月 24 日。

③ Sonas, Jeff. The Deloitte/FIDE Chess Rating Challenge. Chessbase. 20 February 2011，转引自维基百科，2020 年 12 月 24 日。

④ Foo, Fran. Smartphones to predict NSW travel times?. *The Australian*. April 6, 2011，转引自维基百科，2020 年 12 月 24 日。

⑤ 参见微众银行人工智能部等联合发布，联邦学习白皮书 2.0，2020 年 4 月。

留在本地以实现不泄漏隐私，多个参与者联合数据建立虚拟的共有模型以实现共同获益。此时，其分析效果将与各个数据集物理上聚合建模的效果相同。当各个数据的用户对齐（user alignment）或特征对齐（feature alignment）时称作联邦学习，当用户或特征不对齐以交换加密参数的形式进行知识共享时则叫作迁移学习。

联邦学习为数据共享提供了极大的技术和合规支持，具有很大的公共价值和商业价值。联邦学习有助于在保障隐私和数据安全的情况下，实现大数据价值，带动人工智能各领域的深度融合，从而辅助改善人类的工作和生活；同时，联邦学习作为人工智能发展的底层技术，能够带动跨领域的企业数据合作，提高企业竞争力，降低成本，推动创新，乃至通过不断影响供给需求方的关系、服务方式来催生新业态。

联邦学习不再需要收集客户的原始数据，但数据中隐含的敏感信息并不能得到绝对的保证——客户仍然需要上传由原始数据计算出的模型参数或梯度来构建联合模型，由此可引发被动和主动推理攻击。被动攻击是指敌手在不改变局部或全局训练程序的情况下进行推理。主动攻击是指敌手扩展其本地数据集，以同时处理主任务和识别某些特定批属性（Melis et al.，2019[①]）。常见的隐私保护手段难以抵挡辅助信息的侵蚀，也即敌手可能拥有其他关于数据主体的信息，包括任何先验知识、信念或来自外部来源的信息，如报纸、劳工统计数据等。因而，假设敌手拥有除一个特定记录之外的所有背景信息，依然能有效保护数据隐私的差分隐私机制便受到了大量的关注，至今仍是学界和互联网届的研究重点内容。

差分隐私将个人因加入(或离开)数据库而增加的风险降至最低，通过限制加入风险来鼓励参与数据共享，增加了社会效用。差分隐私的关键在于分离数据库的效用和由加入数据库而增加的隐私风险，通

① Melis, L., Song, C., De Cristofaro, E., & Shmatikov, V. (2019). Exploiting unintended feature leakage in collaborative learning. In 2019 IEEE symposium on security and privacy (SP), 691-706.

过随机响应等技术，在数据库的整个生命周期中有效地隐藏任何个人数据存在或不存在的信息（Dwork，2011[①]）。差分隐私技术为数据流动和开发提供了一种可行的思路，可应用于解决计数查询、均值统计、机器学习模型，以及生成合成数据集等问题，具有较强的隐私保证和组合鲁棒性，因而在包括联邦学习的机器学习领域中取得了一定成绩。但目前差分隐私计数在解决复杂查询、小规模训练数据集、拓展应用场景、降低计算成本等方面仍有待进一步突破和发展。

2. 数据共享的现实阻碍

即便数据共享具有无限的前景和价值，数据共享在现实生活中仍然存在很多阻碍。

首先，大多数情况下数据共享的激励和意识不足。于个人，数据具有人格化财产属性，个人出于风险防范等目的，倾向于高估其数据价值；于企业、政府及其他数据收集者，搭建数据平台本身需要投入大量的成本，而且商业竞争、政府垄断等情况的存在，使得企业和政府也并不愿意免费或低价共享数据。以学术数据为例，虽然大多数学术共识都要求实证数据公开，但实际上很少有作者将自己整理的数据集公开在网上供读者使用，即便是读者定向发送邮件等进行索取，作者主动提供的情况也极少（Savage 和 Vickers，2009[②]）。此外，目前信息化还只是发挥各机构辅助日常管理的作用，大数据的价值并未完全体现，因此促进数据流动共享的观念尚显不足。

其次，数据共享还会触犯部分既得利益集体从而受到阻挠。[③]当下实践中的数据权益以私权为主，由此产生了一批数据垄断企业，寡头市场基本已经稳定。对合法爬虫等数据分享方式和权益的肯定将会

① Dwork, C. (2011). A firm foundation for private data analysis. Communications of the ACM, 54(1), 86-95.

② Savage C J, Vickers A J. Empirical study of data sharing by authors publishing in PLoS journals[J]. PloS one, 2009, 4(9): e7078.

③ 姚轩鸽 . 权利视野中的“共建共享”[J]. 中国发展观察 ,2007 (5),24-26.

一定程度上限制他们的利益。因此，既得利益群体可能会采用各种方式降低数据质量、逃避数据共享义务，或者限制其他数据需求主体获取自身的数据。

最后，数据共享长效机制和技术并未成熟。一是并没有明确的法律对数据共享做出规定和约束；二是数据应用标准、安全标准、技术标准体系也尚未统一；三是基础设施和技术支持仍有待加强；四是数据共享激励机制和监管的缺失等都使得数据共享落地较为困难。以数据标准来说，不同的样本集对同样数据内容的观测如何整合和运用？各独立的数据集的观测口径、处理方式是否统一？数据伦理审核机制如何更加高效（关健，2020[①]）？除此之外，共享的数据被滥用了如何解决（Longo 和 Drazen，2016[②]）？只有解决好这些问题，才能构建数据共享的长效机制，从而为数据共享搭建坚实的基础条件。

第三节 数据交易

前面我们将数据分为了数字产品和数据产品，分别对应的是以数字化形式呈现的人类的思想和精神等成果，如电子图书、数字音乐等；以及由网络、传感器和智能设备等记录的数字化的数据，如消费者浏览记录、气象数据库等。二者虽有所差异，但一些情况下界限十分模糊，数据产品的交易和定价可以借鉴数字产品的部分思想。因此，本部分先对数字产品的交易进行简要梳理，继而对数据产品的交易方式和卖方策略进行总结。

一、数字产品交易

数字产品的交易手段主要可分为三大类：捆绑销售（bundling）、

① 关健 . 医学科学数据共享与使用的伦理要求和管理规范 (八) 审核委员会职责和高效的审核机制探讨 [J]. 中国医学伦理学 ,2020 (11):1306-1310.

② Longo DL, Drazen JM. (2016), Data sharing. N. Engl. J. Med. 374, 276–277. (doi:10.1056/nejme1516564) Crossref, PubMed, Google Scholar.

订阅和租赁式（subscription and renting）以及拍卖（auction）。

捆绑销售的基本假设是，捆绑销售的需求相比单个产品的需求更有弹性。由于数字产品的低复制成本，对数字产品或数字服务进行捆绑销售的做法十分普遍。[①] Haghpanah 和 Hartline（2015[②]，2020[③]）研究表明，如果价格敏感型买家认为产品更具互补性，那么“大捆包”（grand bundle）是最佳选择。当数字产品市场上有多个买家，其偏好未知且拥有一般价值评估函数（不需要满足单调性），Balcan 等（2008）[④] 提出，在无限供应的情况下，一个随机的单一价格可以达到最优社会福利的对数因子近似的预期收入，这启示商家可以为所有数字产品设定统一的价格。

与捆绑销售相对应的是订阅和租赁式销售，订阅是指消费者支付固定价格之后可以免费使用一段时间平台内的部分或全部数字产品服务，租赁是指对单独每一次使用付费。[⑤] 根据客户的产品使用率和价值的差异，平台的最大化收入决策有所不同。一方面，使用率较高的客户倾向于订购更大的套餐，使用率低的倾向于租赁；但另一方面，平台为了收益最大化，它希望使用率低的客户订阅数字产品，而使用率高的客户租赁数字产品。因此，很多平台同时提供订阅和租赁，并谨慎制定租赁和订阅的价格。

---

① C. Shapiro, S. Carl, H. Varian, and H. B. Press. Information Rules: A Strategic Guide to the Network Economy. Strategy/Technology / Harvard Business School Press. Harvard Business School Press, 1998.

② N. Haghpanah and J. Hartline. Reverse mechanism design. In Proceedings of the Sixteenth ACM Conference on Economics and Computation, EC'15, pages 757–758, New York, NY, USA, 2015. Association for Computing Machinery.

③ N. Haghpanah and J. Hartline. When is pure bundling optimal? Working paper, The Pennsylvania State University, April 2020.

④ M.-F. Balcan, A. Blum, and Y. Mansour. Item pricing for revenue maximization. In Proceedings of the 9th ACM Conference on Electronic Commerce, EC' 08, pages 50–59, New York, NY, USA, 2008. Association for Computing Machinery.

⑤ S. Alaei, A. Makhdoumi, and A. Malekian. Optimal subscription planning for digital goods. SSRN Electronic Journal, 01，2019.

除此之外，对于数字产品的交易有时也通过拍卖进行。主要适用的拍卖方式包括赞助搜索拍卖和在线拍卖等方式。

赞助搜索拍卖（Lahaie 等，2007[①]）是为搜索引擎等数字化服务商业化的一项创举，通过对搜索引擎中的关键词进行竞价，广告商等内容提供商获得展示自身广告、内容的位置。GoTo.com 创建了第一个赞助搜索拍卖（Jansen 和 Mullen，2008[②]）。

数字产品具有无限供应的特征，为促使买家反映真实的价值评估，Goldberg 和 Hartline（2001）[③]提出了"随机抽样拍卖"（random sample auction）。对于传统商品的拍卖定价，次价拍卖是使买家"讲真话"、真实反映买方价值评估的首选。但由于数字产品的边际成本接近 0，数字产品可以无限供应，这使得传统的二价拍卖并不适用，因为次价很可能接近零（Pei，2020[④]）。因此，利用随机抽样拍卖，将买方随机分成两组，分别进行最优拍卖定价，各部分的买者最终能否成功竞得数据取决于其投标价格是否高于另一组买方根据拍卖所定的最优价格。随机抽样拍卖使得买方的出价与是否获得标的无关，只有按照真实支付意愿出价才可能获得标的，满足了数字产品无限供应条件下真实反映价值的目的（也称作拍卖是激励相容的）。

与传统拍卖只进行一轮不同，数字商品的拍卖可能会连续进行，及时公布拍卖结果十分重要。事实上，Ebay 竞拍模式进入中国后的惨淡很大程度上就是因为不能及时回复客户的出价结果。在线拍卖

---

① S. Lahaie, D. M. Pennock, A. Saberi, and R. V. Vohra. Sponsored search auctions. In N. Nisan, T. Roughgarden, E. Tardos, and V. V. Vazirani, editors, Algorithmic Game Theory, pages 699–716. Cambridge University Press, 2007.

② J. Jansen and T. Mullen. Sponsored search: An overview of the concept, history, and technology. International Journal of Electronic Business, 6:114–131, 01 2008.

③ A. V. Goldberg and J. D. Hartline. Competitive auctions for multiple digital goods. In Proceedings of the 9th Annual European Symposium on Algorithms, ESA'01, pages 416–427, Berlin, Heidelberg, 2001. SpringerVerlag.

④ Pei, J. (2020). A Survey on Data Pricing: from Economics to Data Science. IEEE Transactions on knowledge and Data Engineering.

（Lavi 和 Nisan，2000[①]）旨在解决不同客户在不同时间出价，拍卖机制必须在每个出价到达时做出决定的问题。Bar-Yossef 等（2002）[②]提出了一个极其简单的激励相容（O（log$h$）- 竞争）的随机在线拍卖机制，对于每个投标人，系统选择一个随机数 $t \in \{0, \ldots, \log h\}$，并将价格阈值设置为 $s_i=2^t$，其中 h 是所有投标人中最高估价与最低估价的比率。

二、数据产品的直接交易和间接交易

数字产品和数据产品的交易彼此之间有一些可借鉴之处。数据产品交易设计和市场结构有关，当市场仅有一个数据需求者时，众包、众筹等模式比较适用；当市场仅有一个数据卖方，且数据产品的价值可预期或部分可知时，传统的拍卖机制、直接定价等部分适用（Akcigit 和 Liu，2016[③]；Riley 和 Samuelson，1981[④]）；市场同时出现多个数据源和数据需求者时，若没有第三方机构存在，数据交易机制将会更加复杂，尤其是考虑到数据资产交易的独特性。

Admati 和 Pfleiderer（1986）[⑤]最早提出，根据卖方对数据资产加工整合的精细程度，数据交易可分为直接交易和间接交易。具体地，

---

① R. Lavi and N. Nisan. Competitive analysis of incentive compatible online auctions. In Proceedings of the 2nd ACM Conference on Electronic Commerce, EC'00, pages 233-241, New York, NY, USA, 2000. Association for Computing Machinery.

② Z. Bar-Yossef, K. Hildrum, and F. Wu. Incentive-compatible online auctions for digital goods. In Proceedings of the Thirteenth Annual ACMSIAM Symposium on Discrete Algorithms, SODA'02, pages 964-970, USA, 2002. Society for Industrial and Applied Mathematics.

③ Akcigit, U. & Q. Liu(2016), "The role of information in innovation and competition", *Journal of the European Economic Association*, 14(4):828-870.

④ Riley, J. G. and Samuelson, W. F. (1981), "Optimal Auctions", *The American Economic Review*, 71(3), pp. 381-392.

⑤ Admati, A. R. and Pfleiderer, P. (1986), "A monopolistic market for information", *Journal of Economic Theory*, 39(2), pp. 400-438. doi: 10.1016/0022-0531(86)90052-9.

根据联邦贸易委员会[①]和 Bergemann 和 Bonatti（2019）[②]的分类，如果卖方直接提供未经加工的原始数据，如消费者的年龄、收入等数据，则为直接交易，这是大多数潜在客户开发公司和一些金融数据销售（比如 Bloomberg、Wind 等）采用的方式；若卖方通过对数据的整合再加工，形成了一定的标准品或数据资产组合，则为间接交易，现有大多数人工智能公司和大数据公司普遍采取了这一策略。

直接交易模式和间接交易模式的选取，依赖于数据外部性、买方异质性程度、买卖方的市场力量等。Admati 和 Pfleiderer（1990）[③]研究指出，当数据的网络外部性为负且外部性较强时，如果买方相对风险宽容，则间接交易给卖方带来的利润更大，此时卖方将会选择间接交易，如设立数据产品基金，通过控制每股价格控制交易量。当数据的负外部性相对较小或者买者存在异质性时，例如私有信息和需求不同导致买方对数据的组合要求迥异，间接交易中卖方无法设计足够多的数据产品来满足所有买方的要求，此时直接交易反而可能是最优选择。另外，Grinblatt 和 Ross（1985）[④]发现，如果买者是异质的且可能和卖者构成竞争，那么具有一定市场力量的卖者将同时参与数据基金的销售和二级市场的交易，此时卖方的利润不仅在于销售数据基金，还可以通过自己的金融账户直接获得与买方竞争的投资收益。而当卖方处于寡头或完全竞争市场，此时卖方之间对彼此拥有的数据产品的信息不完全，致使没有卖方可以通过直接交易攫取更大的剩余，

---

① 参见 Fed. Trade Comm.(2014): Data brokers: a call for transparency and accountability. Rep.，Bur. Consum. Protect.，Fed. Trade Comm.，Washington,DC.https://www.ftc.gov/system/files/documents/reports/data-brokers-call-transparency-accountability-report-federal-trade-commission-may-2014/140527databrokerreport.pdf.

② Bergemann, D. and Bonatti, A. (2019),"Markets for Information: An Introduction", *Annual Review of Economics*, 11, pp. 85–107. doi: 10.2139/ssrn.3240310.

③ Admati, A. R. & P. Pfleiderer(1990), "Direct and indirect sale of information", *The Econometric Society*, 58(4):901-928.

④ Grinblatt, M. S. and Ross, S. A. (1985), "Market Power in a Securities Market with Endogenous Information", *The Quarterly Journal of Economics*, 100(4), pp. 1143-1167. Available at: http://www.jstor.org/stable/1885678.

此时卖方多选择间接交易。

三、卖方策略及其影响因素

卖方策略受到数据产品的应用场景、数据特征、市场结构、交易机制设计、买方异质性等因素的影响。数据卖方的策略包括降低信息质量、价格歧视（Fudenberg 和 Villas-Boas，2012[①]）和提供差异化产品（Shapiro 和 Varian，1998[②]）等。其中，提供差异化产品的方式之一是事前交易（ex-ante sale）[③]，也就是买方在交易前提出具体的数据结构要求，卖方据此开发数据产品；同时也可通过前文提及的间接交易进行设计。

根据数据资产不同的应用场景，卖方可选择不同的交易设计。联邦贸易委员会[④]根据数据产业已有的企业形态，将数据交易按照应用场景分为营销、风险规避和人员搜索三大类。其中，营销是指运用数据列表（data l.ists）和数据追加集（data appends）[⑤]等形式，通过邮件、电话、互联网等对消费人群进行定位、分割和匹配，以及利用数据产品进行营销分析和消费预测，包括广告位销售和精准推送等。风险规避主要应用于个人和机构等信用等级构建和诈骗检测。基于以上应用场景，研究者们设计了不同的交易模式。如果买者购买数据追加集进

---

① Fudenberg, D. & J. M. Villas-Boas(2012), "Price discrimination in the digital economy", in: M. Peitz & J. Waldfogel(eds.), *The Oxford Handbook of the Digital Economy*. Oxford University Press.

② Shapiro, C. & H. R. Varian(1998), Versioning: The Smart Way to Sell Information, *Harvard Business Review*.

③ 与之相应的事后交易 (Ex post sale)，指卖方在交易达成前已经设计好具体的数据产品，买方支付该数据产品的费用即可。参见 Bergemann，D. 和 B.Alessandro(2019)，"Markets for information: An introduction"，*Annual Review of Economics,* 11:85-107.

④ 参见 Fed. Trade Comm.(2014): Data brokers: a call for transparency and accountability. Rep.，Bur. Consum. Protect.，Fed. Trade Comm.，Washington, DC. https://www.ftc.gov/system/files/documents/reports/data-brokers-call-transparency-accountability-report-federal-trade-commission-may-2014/140527databrokerreport.pdf.

⑤ 买方在数据交易前拥有消费者的某些数据，所购买的数据产品作为已有数据的补充。

行风险规避和市场营销活动，比如决定是否对某个消费者推送广告或借贷，Bergemann 等（2019）[①] 提出在卖方垄断、买方异质的市场中，由于买方交易前拥有不同的数据资产且对其质量的预判不一，这会导致买方对卖方手中的数据追加集的价值评估不同，卖方可以将这些数据追加集设计成不同的统计实验（假设检验）[②] 来筛选买者。由于买者是贝叶斯决策者，卖方可以据此通过买方选择的“一类错误、二类错误组合水平”来识别买方的私有信息，这本质上是二级价格歧视。

当数据存在外部性时，价格歧视和提供差异化产品是常见的策略之一，其核心在于区分买者异质性，真实反映买者的效用。从博弈论拍卖、机制设计等角度来甄别高价值和低价值买方的研究很多。Baake 和 Boom（2001）[③] 指出，卖者通过设计质量不同的数据产品，通过低价销售或免费赠送低质量的数据产品，将支付意愿和质量需求高的买方导流到高质量付费产品上，从而获取更高的利润。Jones 和 Tonetti（2019）[④] 则认为提供“部分数据”（partial information）可以有效识别高价值和低价值买方，因为高价值买方对部分数据的价值评估很低，不会购买不完全数据。Babaioff 等（2012）[⑤] 提供了动态机制设计思路，他们假设数据的价值仅在于改变行动，市场仅存在一个垄断的数据产品卖者和一个可能已经拥有部分数据的买者，双方的私有信息分别是数据（关于世界状态的信息）和买方的估值，买卖双

---

① Bergemann, D., Bonatti, A. and Smolin, A. (2019), “The Design and Price of Information”, *The American Economic Review*, 108(1), pp. 1-48. doi: 10.2139/ssrn.2981406.

② 比如，原假设 H_0 为“该消费者风险低，宜借贷 / 推送”，备择假设 H_1 为“该消费者风险高，不宜借贷 / 推送广告”，给定某个固定的阈值，卖方提供不同的数据产品带来不同的“一类错误、二类错误组合水平”。

③ Baake, P. and Boom, A. (2001), “Vertical Product Di erentiation , Network Externalities , and Compatibility”, *International Journal of Industrial Organization*, 19(1-2), pp. 267–284.

④ Jones, C. I. & C. Tonetti(2019), “Nonrivalry and the economics of data”, *American Economic Review,* 108(1):1-48.

⑤ Babaioff, M., Kleinberg, R. and Paes Leme, R. (2012), “Optimal mechanisms for selling information”, *Proceedings of the ACM Conference on Electronic Commerce*, pp. 92-109. doi: 10.1145/2229012.2229024.

方通过交互式协议（interactive protocol）进行交易。卖方主要有三种协议方式：一是通过密封信封机制（sealed envelope mechanism）向买方透露产品价格（此定价方式下，数据产品被视为一般商品），买方决定是否购买；二是买者支付一定的价格可以获得卖者提供的数据随机样本，再决定是否购买（pricing mapping）；三是卖者先向买者提供一部分随机数据样本，买者基于这部分样本判断整体数据的价值，再决定是否购买（pricing outcomes），这种方式使得卖者可以根据买者的事后选择来判断买者类型并进行价格歧视。但数据产品的低边际成本使得传统的二价拍卖并不适用，因为次价很可能接近零（Pei，2020[①]）。

卖方亦可能只选择众多买方中的一部分人进行交易，这与数据的外部性等特征相联系。Bergemann 等（2018）[②] 指出，满足一定条件时，比如卖者对高低类型买者进行产品差异化的边际收益相等，卖者将仅向部分买者销售数据产品；Admati 和 Pfleiderer（1990）[③] 则指出，如果数据产品的价格和使用具有负外部性（主要是指数据资产价格对数据价值的泄漏、数据资产的使用价值随使用者增多而降低），数据供应商将通过设立基金、制定两部定价法（每股价格和固定费用相结合的方式）实现任何数据资产的组合销售，且数据的价格外部性越高，每股价格越高，两部定价法获利越大。考虑到数据的可复制性、易于转售等问题，数据交易最可能采取的方式是“价高者得”，也就是最终只有使用价值最大、支付意愿最高的企业能够使用该数据资产

① Pei, J. (2020). A survey on data pricing: from economics to data science. IEEE Transactions on knowledge and Data Engineering.

② Bergemann, D. et al(2018). “The design and price of information”, *The American Economic Review* 108(1):1-48.

③ Admati, A. R. & P. Pfleiderer(1990), “Direct and indirect sale of information”, *The Econometric Society* 58(4):901-928.

（Akcigit 和 Liu，2016①）。但“价高者得”是一个次优决策，并不能实现利润最大化。

市场结构不同，卖方策略也不同。在卖方垄断市场中，Admati 和 Pfleiderer（1986）②提出如果存在数据外部性和买方异质性③，卖方销售者可能会添加“数据噪声”或提供差异化数据产品。如果交易方的风险容忍度不同而卖方可以完全歧视，卖者倾向于对风险容忍度更高的买方收取更高的价格；如果卖者不能实现完全歧视，会选择二级和三级价格歧视，促使买方自我选择。在双边市场中，Agarwal 等（2019）④基于数据的可复制性、协调性、价值事前不确定性等特点，设计出实时在线数据交易双边市场——多个买方需要不同准确度的训练数据集来进行市场营销，多个数据卖方共享各自的数据——由统一的在线市场设计不同的数据产品，并基于特定数据组合产品的零后悔拍卖机制，来激励买者透露真实的价值评估，并据此对买者销售不同的数据产品和收取价格，按照卖者边际贡献来公平分配数据产品的销售收入。此时，由于卖方没有足够大的市场力量控制市场，其只能提供真实的数据，而非增加“噪声”或者复制数据滥竽充数。

传统交易技术和方法可以在一定程度上解决数据交易的部分问题。Varian（1999）⑤曾在他的书中讨论了多种针对数据资产特性的

① Akcigit, U. & Q. Liu(2016), “The role of information in innovation and competition”, *Journal of the European Economic Association* 14(4):828-870.

② Admati, A. R. & P. Pfleiderer(1986), “A monopolistic market for information”, *Journal of Economic Theory* 39(2):400-438.

③ 有关金融市场卖方垄断市场与买方异质性对卖方策略的讨论，可参见 Grinblatt, M. S. 和 A. R. Stephen(1985), "Market power in a securities market with endogenous information”, *The Quarterly Journal of Economics* 100(4):1143-1167.

④ Agarwal, A., Dahleh, M., & Sarkar, T. (2019, June). A marketplace for data: An algorithmic solution. In Proceedings of the 2019 ACM Conference on Economics and Computation (pp. 701-726).

⑤ Varian, H. R.(1999), “Markets for information goods”, in: K. Okina & T. Inoue(eds.), *Monetary Policy in a World of Knowledge Based Growth, Quality Change and Uncertain Measurement*, Macmillan Press.

交易设计。针对信息悖论问题，可以通过预览、专家评估、声誉建设等方法加以解决；针对数据资产的可复制性分析，可以通过密封信封（cryptographic envelopes）技术和专利权等手段，或者使用审计、统计跟踪系统。Varian 认为我们也可以接受数据产品的可复制性，将数据商品与销售者希望广泛传播的其他数据进行捆绑销售，通过释放广告等方式赚取额外收益。但是，这些传统手段并不能从根本上解决数据资产交易的独特问题，如数据交易的“信息悖论”问题，数据可复制性带来的数据资产转让追踪问题。随着区块链和智能合约等技术的发展，上述问题有望得到更有效的解决。

区块链（blockchain）[①] 技术方案可以通过赋权、完整记录交易过程、提供可信的执行环境等来缓解二次转售和其他交易问题。“区块链技术使得参与系统中的任意多个节点，将一段时间在系统内发生的全部信息交流的数据，通过密码学算法计算和记录到一个数据块（block）中，并且生成该数据块的指纹用于链接（chain）下个数据块和校验。由此，系统所有参与节点来共同认定记录是否为真。”[②] 同时，每个参与区块链的节点的合法性可以得到认证，[③] 这能够保证交易节点的真实性和合法性。通过区块链上私钥和公钥的双认证技术可以有效验证数据交易方的身份（杨茂江，2016[④]），同时确认交易环节是否如约进行（Wang 等，2018[⑤]）。另外，生成的时间戳还可对数据资产进行确权，并有效记录交易的时序。由于每个数据资产拥有独一无二的哈希值，这使得数据资产一旦在区块链上被确权，后续

---

① 区块链技术是指通过基于密码学技术设计的共识机制方式，在对等网络中多个节点共同维护一个持续增长，由时间戳和有序记录数据块所构建的链式列表账本的分布式数据库技术。参见“什么是区块链”[EB/OL]. 2015 年 10 月 19 日 , http://chainb.com/?P=Cont&id=6, 2020 年 3 月 8 日。

② 资料来源：https://max.book118.com/html/2019/0315/7050060200002013.shtm.

③ Werbach 和 Cornell, supra note 199, pp.328.

④ 杨茂江 . 基于密码和区块链技术的数据交易平台设计 [J]. 信息通信技术 ,2016 第 4 期 .

⑤ Wang, D. et al(2018), “A novel digital rights management in p2p networks based on bitcoin system”, in: F. Li et al(eds.), *Frontiers in Cyber Security*, Springer Singapore.

的每一次链上行为都会被实时、如实记录，难以被更改和删除，这也在一定程度上为解决数据资产二次转售无迹可寻的难题提供了思路。

区块链和智能合约[①]的结合，在对数据交易的“信息悖论”和行为规范方面，起到了不可忽视的作用。当智能合约被加载到区块链上时，一旦交易前定下的条件得到满足，协议将自动执行[②]，这能够减少数据交易欺诈的发生，规范交易秩序。Hörner 和 Skrzypacz（2016）[③]提出，假设卖者销售有关某状态好或者差的信号数据，买者对此数据产品的评估价值是公开信息，卖者可以设计自我执行合同来解决买者的失信问题——“缺乏承诺会产生一个阻碍问题：卖者出售数据产品，而一旦买者知晓了数据产品的信息，就没有理由为此付钱”。Su 等（2020）[④]提出了一个基于区块链网络、使用可信执行交易环境（trusted execution environment）的数据交易平台框架，避免了传统集中交易平台的道德风险问题，比如平台截留数据进行转卖、买卖双方的欺瞒问题等。Sabbagh（2019）[⑤]则针对数据音乐作品的版权保护问题，提出利用《音乐现代化法案》（The Music Modernization Act，MMA）[⑥]建立的音乐作品数据库，结合区块链（blockchain）和智能合同，来实施强制许可方案。

---

① 智能合同是用代码编写的协议，一旦预定义的条件得到满足，它就会自动执行。参见 Fairfield, J. A. T.(2014), "Smart contracts, Bitcoin bots, and consumer protection", *Wash.* 和 *Lee L. Rev. Online* 71:35.

② Werbach 和 Cornell, supra note 199, pp.346-47.

③ Hörner, J. & A. Skrzypacz(2016). “Selling information”, *Journal of Political Economy*, 124(6):1515-1562.

④ Su, G., Yang, W., Luo, Z., Zhang, Y., Bai, Z., & Zhu, Y. (2020, December). BDTF: A blockchain-based data trading framework with trusted execution environment. In 2020 16th International Conference on Mobility, Sensing and Networking (MSN) (pp. 92-97). IEEE.

⑤ Sabbagh, C. R.(2019), “Envisioning a compulsory-Licensing system for digital samples through emergent technologies”, *Duke Law Journal*, 69(1):231-265.

⑥ Music Modernization Act, Pub. L. No. 115-264, 132 Stat. 3676 (codified as amended at 17 U.S.C. § 115)，这个数据库的目的是存储音乐作品信息，如版权所有者的身份和位置，并根据实时搜索情况更新。

当然，区块链技术和智能合约本身亦存在数据隐私、可扩展性和互操作性等各类挑战（Underwood，2016[①]），且目前区块链和智能合约尚无法完全解决数据资产的转售等问题。比如，数据持有人仍可以对原有数据稍作改变生成新的数据，虽然数据有所失真，但此时哈希值和时间戳并不能完全消除未经授权的转售等道德风险的影响。

---

① Underwood, S.(2016), "Blockchain beyond bitcoin", *Communications of the ACM*, 59(11):15-17.

第四章 数据价值的经济学分析

第一节 数据资产的价值评估

价值评估与定价是数据资产交易的两个核心问题。

孙铮（1999）[①]提出表面上双方交易的是有形或无形资产，实际上交易的是这种资产的权利，比如所有权、使用权等。同样地，弗兰克·哈德利（1898）在《经济学、私有财产与公共福利关系的说明》中提出价格可以解释为，为获得一种产品或服务的权利所支付的货币对价，康芒斯也认为价格是为某种形式的合法控制权的转移而支付的代价。由于产权内含了劳动力成本和生产资料成本，依据广义价值论[②]，凝结在商品中的劳动要素和非劳动要素共同参与商品的价值决定，故产权价值也是由包含在权利资源中的劳动要素和非劳动等各种生产要素共同决定的。这对于数据资产的交易非常适用，由于数据资产的可无限复制性，数据资产的交易实际上交易的是数据资产的占有权，包括使用权、收益权等。数据资产的价值实际上也是由凝结在数据资产的占有权中的劳动和非劳动要素的价值贡献所决定的。

如前所述，数据的价值具有很大的不确定性。首先，随着技术的发展，数据产品的首次创作成本将不断下降，而且数据资产的再生产边际成本几乎为零。因此，数据卖方很少根据生产成本来衡量价值。其次，数据资产对买方的价值有很大的不确定性，一是交易前具有不确定性，买方如果不了解该数据资产的详细信息，较难明确其能带来

① 孙铮．企业的产权关系与会计的权益理论（上）[J]. 上海会计，1999(06), 3-5.

② 蔡继明．从狭义价值论到广义价值论 [M]. 上海：格致出版社，2010.

的效用价值（Kerber，2016[①]），但如果公开数据价格又会泄漏数据的价值（Katz 和 Shapiro，1985[②]）；二是数据资产的价值具有协调性（Babaioff，2012[③]）、自生性（Glazer，1993[④]）、网络外部性（Tomak 和 Keskin，2008[⑤]）等，同时其价值还是一个动态变化的过程；三是数据资产的价值与数据量、质量、时效性、整合程度的关系也存在一定的不确定性，需要具体问题具体分析，当数据买方将同一个数据资产用于不同场景，数据价值可能也会有所不同。最后，数据资产的价值与使用者的异质性密切相关，使用者的目的、知识、能力、已有的数据资产不同，导致同样的数据资产对于不同的买者价值差异很大，因此数据资产的价值评估很难作为一个标准品进行评估。

鉴于此，美国行动论坛（American Action Forum）的技术和创新政策主管威廉·莱因哈特（William Rinehart）曾指出个人数据的价值评估十分困难，它不是对静态时点数据价值的评估，而是依赖于整体考量，目前没有任何方法可以完美地评估数据价值。弗吉尼亚州参议员马克·沃纳（Mark Warner）则认为不能仅因为数据价值评估困难便不去寻找解决方案。[⑥]

数据资产的价值实际上是交易的数权的价值，数据生产者个人可以获得出让数据内容的占有权的收益，数据原始收集者、加工者、交

① Kerber, W. (2016), "A new intellectual, property right for non-personal data? An economit analysis", Eco Anal GRUR Int 65: 989-998.

② Katz, M. L. & C. Shapiro(1985), "Network externalities, competition, and compatibility", *American Economic Review* 75(3):424-440.

③ Babaioff, M. et al(2012), "Optimal mechanisms for selling information", Proceedings of the 13th ACM Conference on Electronic Commerce(EC' 12):92-109.

④ Glazer, R.(1993), "Measuring the value of information: The information intensive organization", *IBM Systems Journal* 32(1):99-110.

⑤ Tomak, K. & T. Keskin(2008), "Exploring the trade-off between immediate gratification and delayed network externalities in the consumption of information goods", *European Journal of Operational Research* 187(3): 887-902.

⑥ 参考 Angelique Carson: US lawmakers consider whether your data should be a 'property right', https://iapp.org/news/a/us-lawmakers-consider-whether-your-data-should-be-a-property-right/.

易者等可以获得数据文件的占有权的收益。数据资产的价值表现为数权的交换价值。虽然数据资产的价值不确定性很高，但在一般应用情况下仍然可以有一些较为通用的考虑因素和原则。

数据资产价值的评估要素主要应包括数据成本、数据质量、数据产品的层次和协同性、买方的异质性等。从成本而言，数据资产的采集、存储、传输、加工、营销均会产生费用；数据质量的指标主要包括完整性、独特性、时效性、有效性、准确性和一致性；[①] 而数据产品的层次主要指的是其技术含量、稀缺性等（熊金波等，2018[②]），协同性指的是不同信息产品之间的合作产生的增量价值。以上指标与数据价值一般来说成正比。

数据价值评估还涉及买方的异质性，不同的买方拥有不同的风险厌恶程度，对同一个数据资产的事前判断、对信息及时性的偏好程度以及信息使用成本和变现能力等都不同，买方的异质性使得即便是相同成本、相同质量的数据，其相对于买方的价值变化方差也可以很大。因此，如果买方异质性较强，企业一般会先筛选买者类型，再进行差异化定价。

考虑到以上数据资产价值评估的影响因素，不同的定价方法被运用和实践。微软、亚马逊、阿里巴巴、贵州大数据交易所、上海大数据交易中心等国内外数据交易平台，提出了包括基于使用次数定价、使用时间定价、“免费＋增值”定价模式（使用开放数据免费，使用额外服务收取一定费用）和两部定价法（先收取基本费用，每次使用收取额外的固定费用或比例费用）等不同的数据定价方法。基于企业普遍的实践，结合前文介绍的数据资产特点，改进传统的会计定价法、人工智能定价法和其他一些定价方法不断被提出。它们各有特点和缺陷，适用于不同类型的数据。

---

① 英国 DAMA 工作组 (2020): “数据质量评估的六个主要维度”，CSDN. https://blog.csdn.net/bigdatapang/article/details/104157430.

② 熊金波等. 面向云数据的隐私度量研究进展 [J]. 软件学报，2018(07),1963-1980.

第二节　数据定价

一、数字产品定价

Lambrecht 等（2014）[①] 总结了在线交付的数字产品的三个收入来源或者对价，主要包括货币、个人数据 / 隐私和时间 / 注意力。货币主要是通过直接向客户销售数字产品和服务获得，例如电子书、网易云音乐等；个人数据 / 隐私主要是指，在合法交易的前提下，通过提供数字产品或者服务的方式获取采集、使用消费者的个人数据的权益，继而在对这些数据的加工或者交易过程中获得收入；时间 / 注意力主要是指通过向广告商等内容提供者出售其在数字产品中的空间、位置来获取收入，如腾讯视频平台中的广告、谷歌（Google）搜索中的赞助搜索竞价等。

这三种收入流相互竞争，货币流、时间 / 注意力流、个人数据流之间往往存在此消彼长的关系（Pauwels 和 Weiss，2008[②]；Boom，2004[③]），因此数字产品销售商需要在定价方案中考虑它们的最佳组合方式。例如，如果腾讯视频平台的广告排布较为适量，一些消费者可能选择花现金为某特定视频内容付费，也可能充值腾讯会员，如果其广告过多，平台获得的时间 / 注意力收入可能增加，但另一方面，对广告忍受度较低的消费者也可能直接转移到其他视频平台，最终使得原数字产品销售商失去客流。对个人数据的采集和现金流同样如此，过度采集或者不当使用都可能会带来平台客户的流失；适度放弃现金

① A. Lambrecht, A. Goldfarb, A. Bonatti, A. Ghose, D. Goldstein, R. Lewis, A. Rao, N. Sahni, and S. Yao. How do firms make money selling digital goods online? *Marketing Letters*, 25:331-341, 09 2014.

② K. Pauwels and A. Weiss. Moving from free to fee: How online firms market to change their business model successfully. *Journal of Marketing*, 72(3):14-31, 2008.

③ A. Boom. “download for free”: When do providers of digital goods offer free samples? Discussion Papers 2004/28, Free University Berlin, School of Business 和 Economics, 2004.

流，例如采取“低端数字产品 / 样品免费模式 + 高端产品付费模式”则可能会培育起一个长期客户池。

数字产品的具体定价方式主要可以分为以下几种：

按照离散的单位数量，如按照一曲 / 篇 / 月 / 年等进行定价。2003 年 iTunes Store 所有音乐均按照 99 美分 / 首的价格定价；爱奇艺平台上的电影一般是 6 元 / 部（非会员价）；文献查重平台根据文章的字数 / 篇数都有相对固定的价格。

按使用量和时长等计价。根据不同的情况，比如市场结构（市场竞争的强弱、是否为垄断市场等）、产品的黏性和消费者的价格敏感性、需求弹性等方面的差异，定价可能会随着使用时长边际递增，也可能边际递减，也可能不变。例如，百度网盘的普通会员收费为 10 元 / 月，相较于一般用户增加 3T 的储存空间，超级会员收费为 25 元 / 月，额外增加 5T 的云盘容量，边际支付是递增的；而大多数电子游戏的定价则多随着使用时长而递减。

多因素混合计价。一些数字产品平台会通过“基础订阅费 + 单个产品再计费”的方式定价，单个数字产品的费用随基础订阅费的等级有所差异，但均会低于实体替代产品的价格，如亚马逊 Prime 影音服务等。

二、数据产品定价

通过上述描述，不难发现，数字产品与数据产品在定价对象方面存在一定重合，尤其是数字产品销售商通过提供数字产品或服务的方式，获取消费者个人数据的授权，换一个角度来看便是商家对个人数据内容支付的对价，此外二者的定价思想和方法可以有相似之处，例如都具有低复制成本（低边际成本），买方异质性与价格差异相关，价格歧视的空间都较大等，且数字产品的定价方式大多数都可以直接借鉴到数据产品上。我们认为，由于数据价值的不确定性，对数据资产的价格进行统一规定几乎是不现实的，应该在界权之后由市场去发现数据资产的价格。

Pei（2020）[①]总结出数据资产定价需要考虑的主要原则包括：价格可以真实地反映买家的效用、卖方收入最大化、收入公平分配给合作提供数据集的不同卖家（Shapley，1953[②]；Agarwal 等，2019[③]）、无套利（Li 等，2015[④]）、隐私保护和定价的效率。其中，卖方收入最大化主要是因为数据产品的边际成本较低，因此传统的利润最大化定价原则可以转为收入最大化原则。具体的定价方法、卖方策略基本体现了以上原则的取舍和融合，比如随机抽样拍卖定价方式能有效促进价格真实地反映买家效用，但不一定能使得卖方整体收入最大化；一些能最大限度满足无套利原则的定价方法可能需要较大的计算量（Koutris 等，2015[⑤]）。

传统的会计学定价方法包括收益法、成本法和市场法，Wu 等（2019）[⑥]将云资源的定价模型归纳为上述三种方法，它们分别是需求导向、供给导向和供需均衡导向的。结合数据资产本身的特点，这些定价方法在数据资产价值评估中也得到了不同程度的应用。收益法倾向关注商品的效用价值或现值，适用于长期货币资产（如债券、租赁），收益可以依靠合同确定，定期支付，在专利权、著作权、特许权等资产评估中被广泛采用。对于数据资产定价，可以采取收益现值法，也即根据买方的实际收益所得、使用次数或时间等，按比例支付给卖方，但选择合适的折现率比较困难（Henderson 等，1998[⑦]）。事实上，

① Pei, J. (2020). A survey on data pricing: from economics to data science. IEEE Transactions on knowledge and Data Engineering.

② L. S. Shapley. A Value for n-Person Games. Technical Report P-295, RAND Corporation, Santa Monica, CA, 1952.

③ A. Agarwal, M. Dahleh, and T. Sarkar. A marketplace for data: An algorithmic solution. In Proceedings of the 2019 ACM Conference on Economics and Computation, EC’19, pages 701–726, New York, NY, USA, 2019. Association for Computing Machinery.

④ C. Li, D. Y. Li, G. Miklau, and D. Suciu. A theory of pricing private data.ACM Trans. Database Syst., 39(4), Dec. 2015.

⑤ Koutris, P. et al(2015), “Query-based data pricing”, *Journal of the ACM* 62(5): 1-44.

⑥ C. Wu, R. Buyya, and K. Ramamohanarao. Cloud pricing models: Taxonomy, survey, and interdisciplinary challenges. *ACM Comput. Surv.*, 52(6), Oct. 2019.

⑦ Henderson, S. et al(2015), *Issues in Financial Accounting*, Pearson Higher Education Australia.

基于项目数量和用户数量制定比例租赁费用的订阅方式可以实现收入最大化（Alaei 等，2019[①]），或者根据买方的质询定价（Koutris 等，2013[②]；Tang 等，2013[③]）也可以归为此类，只是很多时候买方的未来收益难以直接量化。

成本法易于操作，定价相对直观。但是，如果仅依靠成本法，极有可能低估数据的真实价值，同时还会忽略由买方异质性和数据质量等特点产生的价值。因此，成本法比较适用于买方差异不大、制作成本几乎是公开信息、供给竞争激烈的数据产品。值得一提的是，对于某些搜集和加工边际成本递减的数据类型，成本法给出的数据资产的价格应该有所降低。市场价格法，也称现金等价物法，强调数据资产的交易价格，与之相关的概念是重置成本（用新资产替换已有资产的成本）、当前成本（用类似用途的资产替换资产的成本）或可变现净值（资产可以出售的金额减去出售成本），可用于大多数资产定价，类似知识产权的数据也适用。市场法的运用限制也较为明显，除去比成本法更费时和昂贵（Henderson 等，1998[④]），市场法还要求市场上已有类似的数据产品的交易作为参照。

结合以上传统定价法和数据资产特点，Sajko 等（2006）[⑤] 提出对数据的现值、成本、数据本身的特征和质量（时效价值等）等多个衡量维度，从其重要性、价值等角度展开定量评级，再结合群组决策

---

① Alaei, S. et al(2019), “Optimal subscription planning for digital goods”, available at SSRN 3476296.

② Koutris, P. et al(2013), “Toward practical query pricing with QueryMarket”, Proceedings of the 2013 ACM SIGMOD International Conference on Management of Data: 613-624.

③ Tang, R. et al(2013), “The price is right”, in: H. Decker et al(eds.), Database and Expert Systems Applications, Springer, Berlin, Heidelberg.

④ Henderson, S. *et al.* (1998) *Issues in Financial Accounting*. 15th edn. Melbourne: Pearson Australia.

⑤ Sajko, M., Rabuzin, K. and Bača, M. (2006) ‘How to calculate information value for effective security risk assessment’, *Journal of Information and Organizational Sciences*, 30(2), pp. 263-278.

和价值矩阵等定性分析方法，得到数据在每个维度的价值，最后得到综合价值。除此之外，熊励、刘明明（2018）[①]结合 Zeithaml（1988）[②]提到的数据资产价值的五个维度，分别是价格价值[③]、竞争价值[④]、情感价值[⑤]、功能价值[⑥]和社会价值[⑦]（其含义与前文提出的价值评估要素实质一致），设计出客户感知价值定价模型：对以上五个价值维度分别给予综合评分，再加权得到买方的客户感知价值，最后在满足买方顾客价值大于零的前提下，以卖方收入最大化确定均衡的最优定价。客户感知价值定价法充分考虑到了数据资产对卖方的成本、对买方的价值和数据本身的特点，适用于本身价值易于量化的数据产品。

"信息熵"基础上的数据定价理论也得到了发展。根据 Shannon 的信息论，数据所含信息量的多少可以用信息熵来进行衡量。这里的信息熵指与事情发生可能性相关的相对数量，信息熵越大，发生的不确定性越大，因此，熵越大，信息内容的有效性越大，交易价格也就越高。基于上述原理，通过对数据元组（组成数据集的小单位）的隐私含量、被引用次数、供给价格、权重等因素的结合，可以对数据资产进行动态定价（彭慧波、周亚建，2019[⑧]）。信息熵定价法在理论方面相对比较完善，充分考虑了数据资产的稀缺性，相对于数据的内容和质量而言，信息熵更关注数据的数量和离散性。

除此之外，人工智能法在数据定价中也占据重要一席。王建伯

---

① 熊励等 . 关于我国数据产品定价机制研究——基于客户感知价值理论的分析 [J]. 价格理论与实践，2018(04),147-150.

② Zeithaml, V. A. (1988) 'Consumer Perceptions Of Price , Quality , And Value : A Means-End Model and Synthesis of Evidence', *Journal of Marketing*, 52(3), pp. 2-22.

③ 与制作数据产品的成本相关。

④ 包括该数据产品的稀缺性等。

⑤ 主要是指买卖双方在交易过程中的感受、情绪和情感效用，可参见 Rabin，M.(1993)，"Incorporating fairness into game theory and economics"，*The American Economic Review* 83(5)，1281-1302.

⑥ 主要是指买方在使用数据产品中所获取的效用价值。

⑦ 主要是指需求方通过数据应用提高社会自我概念而带来的效用。

⑧ 彭慧波、周亚建 . 数据定价机制现状及发展趋势 [J]. 北京邮电大学学报 ,2019 42(01):120-125.

（2016）[①] 提出数据资产定价人工神经网络模型。该模型的输入层包含数据日期、有效期限、数据类型、数据复杂度、数据应用范围等数据价值指标，输出层可包含数据内在价值、数据市场价值等价值指标，以此实现数据定价。人工智能定价法计算能力非常强大，只要明确了相应的价值评估重点要素，就可以迅速对大数据资产实现大规模的自动定价。尤其是考虑到人工智能在医学图像数据（Litjens 等，2017[②]）、自然语言处理（Young 等，2018[③]）等领域的广泛应用，数据销售商根据买方对模型结果的精度和准确度等需求（Babaioff 等，2013[④]；Cummings，2015[⑤]）进行定价将越来越普遍。

借鉴数字产品的定价方法，数据资产同样可以采取类似的思路。例如，通过免费提供部分数据来获取流量，并在此基础上对高端数据产品收费；根据使用量计费，例如根据数据买方的数据使用条数计价。此外，两部定价法也是常用的数据产品定价方式，相当于数字产品的混合定价，设定一个固定的订阅费，再根据订阅费等级设定每单位数据产品的价格。

对数据资产内容的定价，出于对内容本身的保护和防止内容泄漏等造成数据价值的降低，往往不能公开数据内容，可以通过随机抽样展示的方式，利用传统的资产会计估值方法，根据对这部分抽样内容的评估价值进行定价。对于大数据型的数据资产，可以不按内容计价，以“盒”为单位进行按件计价交易，前提是数据标准化在数据内容、质量等方面有法律、制度的保障。[⑥]

① 王建伯：数据资产价值评价方法研究 [J]. 时代金融，2016，第 622 期。

② Litjens, G. et al(2017), “A survey on deep learning in medical image analysis”, *Medical image analysis*,42:60-88.

③ Young, T. et al(2018), “Recent trends in deep learning based natural language processing”, *IEEE Computational Intelligence Magazine* 13(3): 55-75.

④ Babaioff, M. et al(2012), “Optimal mechanisms for selling information”, Proceedings of the 13th ACM Conference on Electronic Commerce(EC’12):92-109.

⑤ Cummings, R. et al(2015), “Accuracy for sale: Aggregating data with a variance constraint”, Proceedings of the 2015 Conference on Innovations in Theoretical Computer Science(ITCS’15): 317-324.

⑥ 参见软件定义世界 (SDX)：数据资产化框架初探，https://mp.weixin.qq.com/s/gJjTLyE3DOHJD2qdocvYGA，2020 年 12 月 5 日。

第五章　分配理论

党的十九届四中全会提出，坚持和完善社会主义基本经济制度要鼓励勤劳致富，健全劳动、资本、土地、知识、技术、管理和数据等生产要素按贡献参与分配的机制。数据作为重要的生产要素，对其价值的公平合理分配是促进数据经济发展的保障。

在数据要素整体制度中，分配处于较核心的位置。数据价值公平、有效的分配，是数据充分流动、创造价值的保障。数据资产分配制度首先要注重效率。《孟子·卷一·梁惠王章句上》曾提出“若民，则无恒产，因无恒心”“鸡豚狗彘之畜，无失其时，七十者可以食肉矣。百亩之田，勿夺其时，八口之家可以无饥矣”。所谓“有恒产者有恒心”，其核心在于通过“恒产”得到收益。分配方式和机制等牵动各方面的经济利益关系，合理的分配政策才能调动各市场参与者的积极性和主动性，最终影响数据资产的价值开发。数据资产的价值由各种劳动和非劳动要素共同决定，而价值决定与价值分配是统一的，因此，数据要素资产的价值分配也应该以各主体所对应的劳动和非劳动要素贡献为基础。

此外，数据资产分配制度还要注重公平。数字时代的“数字鸿沟”已不容小觑，应当更充分地注重数据资产收益分配在解决数字经济发展过程中的不平等问题中的作用，实现经济社会的可持续发展。尤其是对于公共数据资产的收益，应当充分重视其再分配和三次分配的功能和作用。

数据要素（见图 5-1）与其他生产要素类似，遵循生产决定分配、交换和消费，分配、交换和消费反作用于生产的基本原理。在数据产品和数据资产的生产过程中，数据来源、劳动、技术、资本等均做出了相应的价值贡献，因而，数据的初次分配应坚持以市场为主，按照价值贡献决定分配的原则，对数据信息的产生者，数据产品的收集者、加工者、投资者、管理者进行相应的产权和贡献分配。数据要素所产生的国民收入，通过企业缴纳的营业税、增值税（或数字税）等方式形成国家税收的一部分，将这部分税收收入进行二次分配。对于政府数据、大自然数据等公共数据产品（特别是经过加工后），如政府部门、其他企业或个人对公共数据进行加工以进行营利性活动，则国家可以对这部分数据信息的使用收取服务费，并针对这部分收益设立专门的二次分配方案，“专费专用”，将这部分收入和税收用于缓解数字鸿沟，充分发挥数据要素二次分配的功能。在满足效率、公平原则的收益分配规则下，数据要素才能充分流动和交换，从而形成更多的数据消费和服务产品，创造更多的价值。这反过来又能够促进数据要素和全社会的生产。

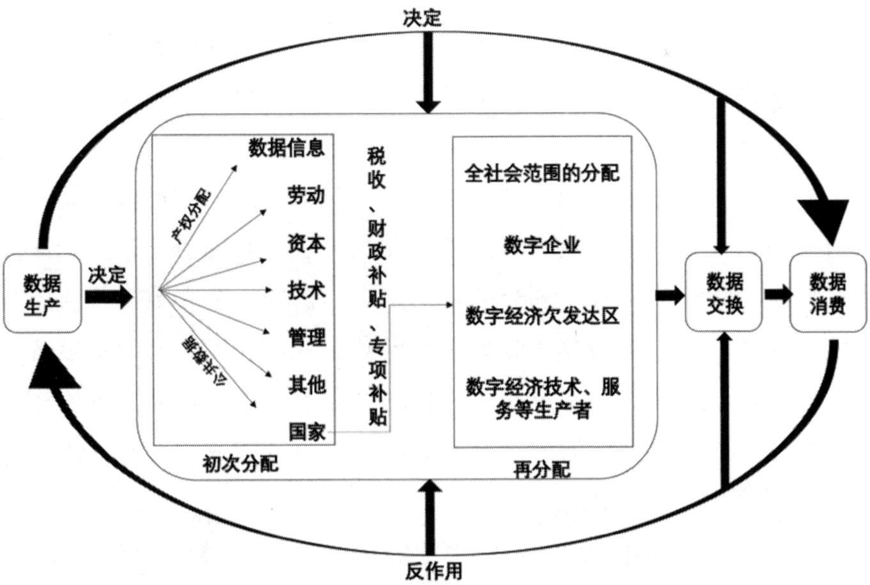

图 5-1　数据要素分配制度的拓扑图

第一节　数据资产收益的分配对象

分配关系由生产关系决定，在自由公平竞争的条件下，价值决定与价值分配统一（蔡继明，2010[①]）。以土地开发整理为例，在尊重农民持有土地有限产权的基础上，通过土地承包等方式，吸引有能力的经营主体、现代市场要素进入，进一步将农地经营权分拆成农户的终极控制权、种田经理人的经营管理权、农产品加工销售等的生产操作权，以市场分工和服务外包的方式使土地价值得到专业化开发和利用，从而最大化土地效益；同时，又以各生产性主体投入的相应的土地、劳动和知识等各个要素创造的价值为分配标准，通过土地租金、初始农产品销售额、加工农产品销售额等多种形式按贡献进行分配（徐晶、张孜仪，2012[②]；罗必良，2017[③]）。

数据价值是多种要素组成的函数，是由多方利益相关者共同开发和创造的，故数据收益也不应只分配给某个主体。数据资产的可复制性、其价值的可与其他数据资产协调产生更大价值等特点，使得数据资产在产生、储存、加工、使用、交易等全生命周期的各个环节都可能会有众多的利益相关者参与，乃至为其价值增值作出各自的贡献。欧阳祖友（2010）[④] 在其研究中将知识型企业的治理模式称作“利益相关者广泛参与的‘共同治理’模式”，对于不同的数据资产而言，其价值增值可能各自由众多不同的利益相关者“共同治理”来完成，因此要努力打造平衡各方利益的数据生态。例如，个人数据价值的贡献者主要有个人、参与收集数据的平台和企业，政府数据的贡献者主要有政府、公众和获得开发和使用权的企业等。根据数据的价值实际上由包含在数据权益中的劳动和非劳动要素贡献构成，而价值的分配

---

① 蔡继明 . 论财富创造与财富分配的关系 [J]. 经济学动态 ,2010 (04):60-65.

② 徐晶，张孜仪 . 土地开发整理与农民土地持有产权的耦合 : 参与路径与利益重组 [J]. 法学评论 ,2012 (04):108-112.

③ 罗必良 . 农业供给侧改革的关键、难点与方向 [J]. 农村经济 ,2017 (01): 1-10.

④ 欧阳祖友 . 知识型企业收益分配理论创新 [J]. 中国证券期货 ,2010(08):132-133.

与价值决定相统一的原则，各类数据资产的各个市场参与者将在市场交易中获取与其对应的数据权益的价值。

在数据资产的价值贡献全生命周期过程中，数据内容的提供者是原始资源的贡献者，享有数据内容“有限制的所有权”，通过对数据内容的出让，数据内容生产者享有了一定的所有权收益；而数据原始收集者合法获取数据之后，可能会对数据进行进一步的整理、加工形成数据文件，进而从数据的占有权中享受数据文件占有权的转移和数据增值的收益；在数据文件的交易过程中，其他的数据加工者在更进一步的数据价值开发中分别获得与其价值贡献相对应的收益。这一点和中国古代土地治理过程也比较类似，地主将土地的所有权转让给了佃农，地主获取土地所有权的收益，佃农依靠土地的占有权耕种并获得土地增值的收益（龙登高，2018[①]）。在细化的数据资产加工和交易市场过程中，价值通过形成市场价格的方式将数据价值的贡献分配到对应的价值贡献者中。

数据资产有时需要与多个数据所有者联合、由多个开发者共同参与同一个环节的价值开发和贡献过程，此时这些市场参与者都共同承担了该过程的剩余风险，并对其剩余价值进行了相应的贡献。那么理论上，每个市场参与者享受所持有的数据的占有权的收益或者对剩余收益的贡献的价值分配。

公共数据资源的所有权归公众所有，因此要注重公众在公共数据收益分配中的获益和公平性。对于公共数据收益的再分配，可重点关注解决数据利用能力、数据生产过程中的相对弱势群体。

以政府数据为例。政府数据的所有权归国家，各级政府代行管理职能。政府开放数据是否应该完全免费提供给商业企业等数据开发者呢？答案未必是肯定的。商业企业只是广大公众代表中的一个群体，如果政府开放数据完全免费提供给所有人，那么拥有大量数据技术和原始资本积累的企业获利将明显优于其他普通公众，因此应当对政府

① 龙登高，中国传统地权制度及其变迁 [M]. 北京：中国社会科学出版社，2018.

数据进行部分有偿使用，政府将这部分收益在再分配过程中进一步用作解决包含居民数字收益不平等问题等在内的居民贫富差距问题。

有学者对由政府获取公共数据收益并进行再分配的效果持有异议，并提出针对公共资源设立公益性信托机构的方式来完成这一过程。这主要是考虑到公共数据和政府数据稍微有所不同，主要体现在政府获得数据收益后，其往往会选择性地对某些重点企业、行业的再分配，不一定能完全公正地分配给公众。但是公共数据，例如自然资源数据，属于公众共同拥有，公众可以直接从这些资源受益，因此不应被政府不当管理（邹洋，2010[①]）。可以通过设立公益性信托机构，以及对这一机构的流程管理、机制设计和监管来实现公共数据价值的公平分配。

第二节　数据资产收益的分配额度

政治经济学基本原理表明生产力决定生产关系。蔡继明教授在其研究中指出，在商品经济中，生产要素的所有制关系由生产要素的价值创造力所决定。要素所有者通过所持有的生产要素的产权参与分配，其报酬取决于生产要素对财富创造所做的贡献。那么，如何衡量数据价值生态链中各参与主体的贡献呢？对数据资产产生、加工、传输和流通等全生命周期中产生的价值或收益是否能进行公平分配是数据经济能否成功运行的关键。

我们在上一章中便强调了通过市场竞争来形成价格，而非统一定价的结论。那么，对于价值贡献参与个体或企业明晰的数据资产而言，构建公平的价值分配机制比较重要。Shapley（1952）[②] 提出的公平分

① 邹洋 (2010). 西方公共资产理论和实践及对我国收入分配和环境保护的启示 ..(eds.)“科斯与中国”暨庆祝罗纳德·科斯教授百岁华诞学术研讨会论文集 (pp.289-295).“科斯与中国”暨庆祝罗纳德·科斯教授百岁华诞学术研讨会论文集。

② L. S. Shapley. A Value for n-Person Games. Technical Report P-295, RAND Corporation, Santa Monica, CA, 1952.

配方法值得重点说明，假设有 k 个卖家合作参与一个交易，所谓的公平分配需要满足以下几点要求：（1）收支平衡性，付给每个价值贡献者的总金额应该等于数据资产的总价值；（2）对称性，对效用贡献相同的个体或组织，不管其地位、背景等，应该得到同样的报酬；（3）零元素，如果一个市场参与主体的加入对于资产价值无增益，那么他不能得到分配；（4）可加性，如果该资产可用于不同收益的两个任务，那么同时完成两个任务的资产的价值总和就等于每个任务的价值之和（这一点是为了减少套利空间的存在，但在实际场景中，由于无法穷尽地预测该数据资产的可能功能和应用场景，要想达到动态的无套利是很困难的）。Shapley 值则是满足以上所有要求的唯一公平性分配：

$$\psi(s)=\sum_{S\subseteq D\setminus\{s\}}\frac{U(S\cup(s))-U(S)}{\binom{n-1}{|S|}}$$

式中，U 是效用函数；D 是卖家的全集；$S\subseteq D$ 是卖家的集合；s 是卖家。

Agarwal 等（2019）① 为了规避由于信息商品的复制成本非常低所带来的数据卖方在数据资产加工过程中提供大量相同的数据以获得更大的 Shapley 值和利润分配的做法，以机器学习为应用场景设计出实时在线数据交易双边市场。在模型中，多个买方需要不同准确程度的训练数据集来进行市场营销，多个数据卖方共享各自的数据，由统一的在线市场设计不同的数据产品，并基于特定数据组合产品的零后悔拍卖机制来激励买者透露真实的价值评估，据此对不同的买者销售数据产品和收取价格，并根据卖者边际贡献来公平分配数据产品的销售收入。此时，卖家的边际贡献指的是某卖家提供的所有数据对所有买家从模型准确度的边际贡献来计算的，恰恰是因为卖方没有足够大的市场力量控制市场，而在统一的市场的机制设计下，又只能提供

① A. Agarwal, M. Dahleh, and T. Sarkar. A marketplace for data: An algorithmic solution. In Proceedings of the 2019 ACM Conference on Economics and Computation, EC’19, pages 701-726, New York, NY, USA, 2019. Association for Computing Machinery.

真实的数据，而非增加噪声或者复制数据滥竽充数。一般而言，计算 Shapley 值十分复杂，只在一些特殊情况下这种困难可以得到缓解，例如 Maleki 等（2013）[①] 提出的置换抽样法、Jia（2019）[②] 提出的 kNN 分类器方法。

对于已拥有众多数据资产的数据公司，公司内部的分配机制和比例显得十分重要。可以参照知识型企业价值分配方法，根据不同股东对净利或经济增加值（economic value-added，EVA）的边际贡献大小来决定彼此之间的分配额度。以企业 EVA 和众多生产要素的投入符合柯布 - 道格拉斯生产函数为例，各价值贡献主体对 EVA 的边际贡献即为他们对应的分配收益。

第三节　分配机制

厉以宁（2019）[③] 将三次分配总结为：按劳动要素和非劳动要素贡献分配的初次分配，通过政府以税收和福利政策等进行的再分配，以道德力量为指引，例如个人和企业捐赠、扶贫形成的三次分配。对于数据资产的分配制度，我们同样要坚持“效率优先、兼顾平等”的原则，初次分配讲效率，坚持按生产要素贡献分配；二次分配兼顾公平和平等，可以重点关注数字经济中弱势群体的福利改善问题，将公共数据收益着重用于缩小“数字鸿沟”问题，提升数字经济给全社会人民带来的福祉；三次分配讲爱心，提倡和鼓励先富裕起来的阶层、企业增强社会责任感，积极投身公益、慈善事业，提高一般居民的数字化营生能力、消费者福利、数字鸿沟所涉及群体的生活水平，促进

① S. Maleki, L. Tran-Thanh, G. Hines, T. Rahwan, and A. Rogers. Bounding the estimation error of sampling-based shapley value approximation, 2013.

② R. Jia, D. Dao, B. Wang, F. A. Hubis, N. M. Gurel, B. Li, C. Zhang, C. Spanos, and D. Song. Efficient task-specific data valuation for nearest neighbor algorithms. Proc. VLDB Endow., 12(11):1610–1623, July 2019.

③ 厉以宁 . 论“两个一百年”的奋斗目标和“中国梦”的实现 [J]. 理论学习与探索，2019(06):10-13.

共同富裕与社会和谐发展。

在政府再分配之外，设立公开、透明的公益性信托机构也是一个思路。邹洋（2010）[①]提出，结合国外理论和实践经验来看，通过公益性信托机构的方式可以有效促进公共资源的分配。例如，英国国家信托以接受社会捐赠、遗产以及商业运营（主要通过参观方式获益）的方式，将其所得收益用于保护古代遗迹自然保护区、海岸线和乡村土地等；美国的土地信托机构，包括自然保护协会和公共土地信托协会，则通过其公开、透明的运营将所有收入投入到土地保护和解决贫富悬殊的再分配问题。再如，对污染许可权的拍卖，通过设定公共资源的使用限额（空气、水等自然资源的污染限额和许可权）获取收入，既能促进环境保护，又通过将这些收入用于改善环境、居民再分配进一步提升社会福利。

总体来说，我国应该针对数据资产的开发和分配设计完善的制度框架，继续完善初次分配机制，保证机会均等，按各生产要素贡献分配，激发数据市场的活力；加快健全再分配和三次分配调节机制，注重效率优先，兼顾平等；完善政府对数据生产要素收益的财政收入转移支付规则和制度；鼓励企业家、慈善家将数据收益所得更多地用于改善社会数字鸿沟；建立健全促进数据经济发展的长效机制，包括加快数据要素收入分配相关领域立法；维护数据原始生产者、加工者等市场参与主体的合法权益；严格限制数据资产获益的非税收入、非法收入等，推动形成公开透明、公正合理的收入分配秩序。

面向未来，数据要素分配的基本制度应坚持以市场分配为主，多种分配方式并存。数据要素分配的主要目的在于促进数据流动，同时规避数据使用的负外部性。一方面，数据是经济行为的副产品，具有内生性和非竞争性，促进数据要素跨企业、跨产业的开放共享、融通和交易，有利于充分推动生产要素的高效配置，实现经济增长的规模

① 邹洋 (2010). 西方公共资产理论和实践及对我国收入分配和环境保护的启示 ..(eds.)“科斯与中国”暨庆祝罗纳德·科斯教授百岁华诞学术研讨会论文集 (pp.289-295)。

递增效应。另一方面，数据流动可能伴随隐私和安全风险、不正当竞争、挤压生产研发部门的其他生产要素、扭曲资源配置以及创新性破坏等诸多负外部性。因而，最优的数据使用量取决于数据正负外部性的权衡，因此需要在市场分配的基础上，通过一定的产权界定、分配制度和监管手段予以规制。

按照价值贡献决定分配的原则，数据要素，以及对原始数据进行加工的过程都对最终数据价值有所贡献，因而，数据信息的产生者、数据产品的收集者 / 加工者应当享有相应的数据产权和收益，这有利于激励数据市场参与者，以达“有恒产者有恒心”。承认数据市场参与者的贡献并保证他们获得相应的回报是数据要素充分流通的保证。通过市场手段和机制，能够有效促进数据要素价值向更有价值的地方流动。因而，数据要素分配的基本制度应坚持以市场为主，充分发挥市场的自主调配作用，促进数据要素跨企业、跨产业的开放共享、融通和交易。

同时，产权是初次分配的法律根据之一，应当根据不同市场主体对数据价值的贡献界定产权。我们提倡“一数多权”：将数据的权属分为所有权和占有权（包括收益权、使用权等）。目前，所有权的归属问题争议较大，但占有权属于数据收集的企业（使用场景受到制约）基本得到共识，与此同时，占有权还可不断细分为使用权、交易权、融资租赁权等。数据的交易往往指的是数据使用权的交易。

第三部分

数据技术标准与基础设施支撑体系

第六章　数据技术标准

大数据标准化是各国促进大数据产业发展的重要措施和基础。数据标准（data standard）是指企业为保障数据的内外部使用、交换的一致性和准确性而制定的规范性约束，而数据标准管理则是通过统一的数据标准制定和发布，结合制度约束、系统控制等手段，实现数据的完整性、有效性、一致性、规范性、开放性和共享性管理。[①]建立一套完整、可行的大数据技术标准体系，对于支持高效数据处理、深层数据分析有着深远的影响。但值得关注的是，早期我国部分企业和单位在建立系统的时候只重视局部和当下，以致所建立的系统之间互不兼容、不易扩充，不能适应数据开发的未来发展方向，由此造成了资源浪费。

国内外十分重视大数据标准的研究。2013 年 11 月，国际标准化组织 / 国际电工委员会第一联合技术委员会（ISO/IEC JTC1）成立负责大数据国际标准化研究工作的大数据研究组（ISO/IEC JTC1 SG2），以调研各标准化组织在大数据领域的关键技术、参考模型以及用例等。我国同样非常重视大数据标准化工作。在工信部和国标委的领导下，2014 年我国便成立了全国信标委大数据标准工作组，于 2015 年 12 月、2018 年 3 月、2020 年 9 月相继推出《大数据标准化白皮书 V2.0》《大数据标准化白皮书（2018 版）》《大数据标准化白皮书（2020 版）》。目前主要的国际标准组织和协会如表 6-1 所示。

---

① 参考 GB/T 34960.5-2018 信息技术服务治理第 5 部分：数据治理规范。

表 6-1　国际标准组织和协会

标准组织和协会	范　围
ISO/IEC JTC1 SC7、SC27、SC38，ITU-T SG13	国际标准化组织
DMTF、CSA、OGF、SNIA、OCC、OASIS、TOG、ARTS、IEEE、CCIF、OCM、OMG、IETF、ODCA、CSCC	国际标准化协会
ETSI、Eurocloud、ENISA	欧洲
CCSA、GICTF、ACA、CCF、KCSA、CSRT	亚洲
NIST	美洲

目前，我国大数据标准化工作在国家层面、地方层面均在有序开展。国家层面，全国信标委大数据标准工作组、大数据安全标准特别工作组等已陆续发布国家标准 30 项，在研国家标准 11 项。地方层面，各省市也开始着手成立地方性的大数据标准化技术委员会。

《大数据标准化白皮书（2020 版）》（以下简称为《白皮书 2020》）总结了我国大数据国家标准体系建设已经取得的阶段性成果。《白皮书 2020》将大数据国家标准体系分为七个大类，分别为：基础标准、数据标准、技术标准、平台和工具标准、管理标准、安全和隐私标准以及行业应用标准。基础标准是整个标准体系的基底，提供包括总则、术语、参考模型等基本内容；数据标准则针对底层数据相关元素进行规范，主要包含数据资源和数据交换共享。技术标准主要针对大数据相关技术进行规范，涵盖大数据集描述及评估、大数据处理生命周期技术、大数据开放与互操作、面向领域的大数据技术等四类标准。平台和工具标准主要面向大数据产品提供技术要求，包括系统级产品和工具级产品两类。管理标准贯穿于数据生命周期每一阶段，是数据标准的支撑体系和主要线索。安全和隐私标准也是数据标准体系的重要组成部分，同样贯穿于数据全生命周期。在大数据场景下，除需要对传统数据安全和系统安全进行关注外，还需对交易服务安全、电子货币安全、数据分类分级、安全风险控制、基础软件安全、个人信息安全、安全能力成熟度等方面进行规范；行业应用标准聚焦于工业、政务和服务三大类场景，指定专用数据标准。

肖筱华和周栋（2014）认为，大数据技术标准体系应当包括大数据通用技术标准、大数据产品标准、大数据行业应用标准、大数据安全标准四个部分。[①] 其中，大数据通用技术标准根据生存周期理论，从大数据获取（包括形成、实施和扩散）、存储、预处理、检索、分析与挖掘到数据开放、移动、访问等整个生命周期展开。大数据产品标准指的是应用方面的硬件和软件设备、产品标准，例如大数据一体机、大数据处理器、可重构互连和可变存储结构新型架构计算机、系统软件等的产品标准。行业应用标准和安全标准则较为直观，分别指按照行业领域进行区分的大数据应用标准以及保障大数据安全的标准。本章前四节将依据上述分类方式综述大数据技术标准体系，第五节将依据数据交易过程中面临的现实困境，对现有大数据国家标准体系提出建议。

第一节　大数据通用技术标准

大数据标准化是根据预定标准对大数据进行规范化治理的过程。[②]《GB/T 34960.5-2018 信息技术服务治理第 5 部分：数据治理规范》将大数据处理的生存周期（data life cycle）划分为如下阶段：数据获取（包括数据采集、数据共享）、数据存储与管理、数据预处理、数据分析（包括检索、可视化等）、数据应用、数据呈现、数据归档等。[③] 如上划分方式基本不以具体应用场景为转移，是各领域数据交易的一般步骤，因而适合作为制定大数据通用技术标准的逻辑框架。

（1）数据获取。数据获取的途径主要有两条：数据交换共享和

---

① 肖筱华，和周栋．大数据技术及标准发展研究 [J]. 信息技术与标准化，2014(04): 34-38.

② 吴志刚，和林宁．信息共享、业务协同的前提——数据标准化 [J]. 信息技术与标准化，2003，*Z1*, 43-44.

③ 参考 GB/T 34960.5-2018 信息技术服务治理第 5 部分：数据治理规范，第 5 页。

数据采集。数据交换共享借由数据平台或数据集市进行。从数据交换共享的主体、形式、内容、管理等角度考虑，应制定交换共享的基本要求、技术要求、流程描述、开放程度、价值定位、质量评价、风险评估、监管条例等标准。根据《大数据标准化白皮书（2018 版）》（以下简称《白皮书 2018》），目前有关数据交换共享的相关标准如表 6-2 所示。①

表 6-2　大数据相关国家标准：数据交换共享

国家标准编号	标 准 名 称	状　态
—	信息技术大数据开放数据集基本要求	拟研制
—	信息技术大数据开放数据集标识管理	拟研制
20171067-T-469	信息技术大数据开放共享第 1 部分：总则	在研
20171068-T-469	信息技术大数据开放共享第 2 部分：政府数据开放共享基本技术要求	在研
20171069-T-469	信息技术大数据开放共享第 3 部分：开放程度评价	在研
—	信息技术大数据开放共享第 4 部分：政府资源目录体系	拟研制
GB/T 37728-2019	信息技术数据交易服务平台通用功能要求	已发布
GB/T 36343-2018	信息技术数据交易服务平台交易数据描述	已发布
—	信息技术数据交易通用概念描述	拟研制
—	信息技术数据交易交易流程描述	拟研制
—	信息技术数据交易数据管理规范	拟研制
—	信息技术数据交易技术规范	拟研制
—	信息技术数据交易风险评估信息技术	拟研制
—	信息技术数据交易交易质量评估	拟研制
—	信息技术数据交易数据价值评估指引	拟研制

《白皮书 2018》标准明细表中，仅在“政务大数据”分类中提到一条电子商务大数据采集规范（拟研制），并未将数据采集作为单独的分类。数据采集是聚合数据源的重要方式之一，也事关大数据安全与隐私保护。大数据采集主要分为以下四种方式：系统日志采集、网络数据采集、数据库采集和其他数据采集。对采集过程中数据源的

① 参见《大数据标准化白皮书 (2018)》，第 71-72 页。

识别、感知、适配、传输、接入，以及在平台初创、仓库建立的过程中的数据移动、模型整合、路径规划和信息生命周期管理都应制定相应标准。① 目前，有关数据采集器、数据爬取的争议此起彼伏，法律冲突持续发生。虽然数据爬取是一项中立技术，原则上也应当鼓励数据的共享，但若数据采集行为没有相应的规范和监管，仍可能存在侵犯个人隐私、企业权益，乃至危害国家安全的风险，因而我们倡议规范数据采集行为，建立数据采集标准。

（2）数据存储与管理。数据存储与管理涉及数据格式、元数据定义、元数据命名、元数据注册、元数据属性、元数据唯一性、元数据互操作性等问题。元数据指用来描述数据属性的数据，作为数据的“身份标识符”，对于规范数据交易秩序、预防诈骗行为具有重要作用。因而，数据存储与管理标准也亟待出台。标准明细表中，与数据的存储、管理相关的内容主要包含在二级分类“数据资源”中，拟研制、在研、已发布的标准如表 6-3 所示。②

表 6-3 大数据相关国家标准：数据资源

国家标准编号	标 准 名 称	状 态
GB/T 18142-2000	信息技术数据元素值格式记法	已发布
GB/T 18142-2017	信息技术数据元素值表示—格式记法	已发布
GB/T 18391.1-2009	信息技术元数据注册系统（MDR）第 1 部分：框架	已发布
GB/T 18391.2-2009	信息技术元数据注册系统（MDR）第 2 部分：分类	已发布
GB/T 18391.3-2009	信息技术元数据注册系统（MDR）第 3 部分：注册系统元模型与基本属性	已发布
GB/T 18391.4-2009	信息技术元数据注册系统（MDR）第 4 部分：数据定义的形成	已发布
GB/T 18391.5-2009	信息技术元数据注册系统（MDR）第 5 部分：命名和标识原则	已发布

① 肖筱华，周栋．大数据技术及标准发展研究 [J]. 信息技术与标准化，2014 (04): 34-38.
② 参见《大数据标准化白皮书 (2018)》，第 70-71 页。

续表

国家标准编号	标准名称	状态
GB/T 18391.6-2009	信息技术元数据注册系统（MDR）第 6 部分：注册	已发布
GB/Z 21025-2007	XML 使用指南	已发布
GB/T 23824.1-2009	信息技术实现元数据注册系统内容一致性的规程　第 1 部分：数据元	已发布
GB/T 23824.3-2009	信息技术实现元数据注册系统内容一致性的规程　第 3 部分：值域	已发布
GB/T 32392.1-2015	信息技术互操作性元模型框架（MFI）第 1 部分：参考模型	已发布
GB/T 32392.2-2015	信息技术互操作性元模型框架（MFI）第 2 部分：核心模型	已发布
GB/T 32392.3-2015	信息技术互操作性元模型框架（MFI）第 3 部分：本体注册元模型	已发布
GB/T 32392.4-2015	信息技术互操作性元模型框架（MFI）第 4 部分：模型映射元模型	已发布
GB/T 32392.5-2018	信息技术互操作性元模型框架（MFI）第 5 部分：过程模型注册元模型	已发布
GB/T 32392.7-2018	信息技术互操作性元模型框架第 7 部分：服务模型注册元模型	已发布
GB/T 32392.8-2018	信息技术互操作性元模型框架第 8 部分：角色与目标模型注册元模型	已发布
GB/T 32392.9-2018	信息技术互操作性元模型框架第 9 部分：按需模型选择	已发布
GB/T 30881-2014	信息技术元数据注册系统（MDR）模块	已发布
GB/T 30880-2014	信息技术通用逻辑（CL）：基于逻辑的语言族框架	已发布
2010-3325T-SJ	信息技术元数据属性	在研

（3）数据预处理。数据预处理环节包含清洗、集成、转换、归约四个步骤。数据清洗是指去除数据的缺失值和异常值。处理缺失值常用删除法、替换法和插补法；异常值常通过做散点图识别观测值并执行删除或修正。数据集成是指将多个数据源整合进入同一数据集。数据集成往往会造成数据冗余，因而一般需要对重复属性进行相关分

析检测。数据转换是指通过函数变换、规范化、连续属性离散化等方式将数据转化成适当的形式。数据归约，顾名思义，指在理解分析内涵和数据内容的基础上发现数据的有用特征，以实现数据规模的缩减，从而在尽可能维持数据原貌的前提下，最大限度地精简数据量。数据归约包含属性归约和数值归约两类。

对于个人数据而言，该环节还囊括重要的一步——数据脱敏。数据脱敏属于数据库安全技术之一，是指对数据中包含的某些敏感信息进行数据变形，保障敏感隐私数据不被泄露。由此，脱敏后的数据集便能够在各类环境中被安全地使用。数据脱敏分为静态、动态两类脱敏手段。静态脱敏通过加密算法，针对不同数据类型干扰数据掩码，脱敏后的数据适合被分发至开发、培训、测试、分析等场景；动态脱敏是指在查询和调用时通过解析数据库语句匹配脱敏条件对敏感数据进行实时脱敏，而不脱离实时生产环境。现实交易中，如手机号、身份证号、银行卡号、住址等个人信息都需要进行脱敏。脱敏本身不是前沿技术，但是对数据集中哪些信息有必要进行脱敏、脱敏到什么程度才合适、如何防止数据再度可识别等需要制定相应的标准。标准明细表中，与数据预处理相关的标准仅“信息安全技术数据脱敏指南”一条[①]，见表 6-4。

表 6-4　大数据相关国家标准：数据脱敏指南

国家标准编号	标准名称	状态
—	信息安全技术数据脱敏指南	拟研制

数据预处理环节缺乏相关标准，主要是由于数据清洗、集成、转换和归约过于场景化，较难总结出一般原则。但考虑到数据服务的质量问题，出台数据预处理的技术要求和质量标准能够促进高质量数据的生产，因而该方面标准的制定也应当被提倡。关于数据脱敏，我们认为应该尽早研制和试行《数据脱敏指南》，为安全的数据交易提供

① 参见《大数据标准化白皮书 (2018)》，第 73 页。

保障。

（4）数据分析。数据分析是指运用统计方法和统计工具处理数据集，并从中提取有用信息、形成结论的数据处理环节。数据分析是数据中介的核心服务。国家大数据标准对数据分析的要求主要体现在“处理生命周期技术”一栏，如表 6-5 所示。

表 6-5　大数据相关国家标准：处理生命周期技术

国家标准编号	标 准 名 称	状　　态
GB/T 36345-2018	信息技术通用数据导入接口规范	已发布
—	信息技术通用数据导入接口测试规范	拟研制
—	信息技术大数据分析总体技术要求	拟研制
—	信息技术大数据可视化工具通用要求	拟研制
GB/T 12991-2008	信息技术数据库语言 SQL 第 1 部分：框架	已发布

（5）数据应用与呈现。标准明细表中，数据应用与呈现主要体现在“平台和工具”与“行业应用”两个大类中，我们将在本章第二节“大数据产品标准”与第三节“大数据行业应用标准”中具体介绍。

第二节　大数据产品标准

大数据发展如火如荼，炒作和包装大数据产品的行为不胜枚举。如何定义和甄别合乎规范的大数据平台和产品，关乎大数据的管理、利用和价值实现，对于构建数字经济的技术架构和服务体系具有重要意义。①

大数据产品按功能范围和应用规模大小可分为系统级产品和工具级产品。系统级产品主要是指大数据通用系统、大数据存储与处理系统和大数据分析系统，例如著名的甲骨文（Oracle）数据库系统；工具级产品更为常见，开发难度也相对低，往往作为系统级产品的模块

① 张东，亓开元，苏志远，赵江．大数据平台和产品标准化建设研究 [J]. 信息技术与标准化,2015 (07): 18-22.

出现，或为系统级产品提供维护服务。标准明细表中与大数据产品相关的规范如表 6-6 所示。

表 6-6　大数据相关国家标准：平台和工具

二级分类	国家标准编号	标准名称	状态
系统级产品	20160598-T-469	信息技术大数据存储与处理平台技术要求	在研
	GB/T 38676-2020	信息技术大数据存储与处理系统功能测试规范	已发布
	GB/T 37721-2019	信息技术大数据分析系统功能要求	已发布
	GB/T 38643-2020	信息技术大数据分析系统功能测试规范	已发布
	GB/T 38675-2020	信息技术大数据系统通用要求	已发布
工具级产品	20171066-T-469	信息技术大数据面向应用的基础计算平台基本性能要求	在研
	GB/T 28821-1012	关系数据管理系统技术要求	已发布
	GB/T 30994-2014	关系数据库管理系统检测规范	已发布
	GB/T 32633-2016	分布式关系数据库服务接口规范	已发布
	20121409-T-469	非结构化数据表示规范	在研
	20121410-T-469	非结构化数据访问接口规范	在研
	GB/T 32630-2016	非结构化数据管理系统技术要求	已发布
	20141183-T-469	实时数据库通用接口规范	在研
	—	非结构化数据查询语言	拟研制
	—	智能硬件通用大数据接口规范	拟研制

《白皮书 2018》指出，20171082-T-469《信息技术大数据系统通用规范》是针对大数据产品的一般性准则，规定了大数据系统的技术要求、服务要求和测试规程，适用于各类大数据系统，可作为评估大数据系统的依据。目前该标准已在阿里云、华为、中兴、海康威视等公司试行。国家也依照该标准批复成立了国家大数据系统产品质量监督检验中心。

我们认为，尽管《白皮书 2018》中列举的有关大数据产品的技术标准已相当详细，但其约束范围仅局限于术语规范、系统架构、参考模型等纯技术标准。目前，有关大数据产品的数据技术标准与数据互联标准的联系并不紧密，出现“过度技术化”问题。2014 年，美国总统执行办公室发布《大数据：把握机遇，保存价值》白皮书，认为确保个人数据通过正常合法途径采集的同时，应加强数据开发利用过程的安全管理规则构建。[①] 华东政法大学数据法律研究中心联合公安部第三研究所、上海数据交易中心等机构已经形成了集技术、法律和商业规则为一体的合规、安全的数据流通解决方案。[②] 上海数据交易中心分别于 2016 年 9 月和 2017 年 4 月制定了《个人数据保护原则》《流通数据处理原则》《流通数据禁止清单》和《数据互联规则》，[③] 旨在保护数据主体的合法权益的同时，推动合法、合规的数据流通，建立互信、共赢的数据互联秩序。综上，有关大数据产品技术标准的制定，应充分体现“维护合法权益，促进数据流通”的原则。

第三节　大数据行业应用标准

行业应用标准针对各行业大数据的实际应用提出了相关要求。《白皮书 2018》《白皮书 2020》均将大数据的行业应用分为三个子类，但具体分类有所不同。《白皮书 2018》将大数据的行业应用分为“工业大数据”“电子商务大数据”和“服务大数据”三个子类；而《白皮书 2020》则将大数据的行业应用分为“工业大数据”“政务大数据”和“生态环境大数据”。具体内容如表 6-7 所示。[④]

---

① United States. Executive Office of the President, 和 Podesta, J. (2014). *Big data: Seizing opportunities, preserving values*. White House, Executive Office of the President.

② 新闻来源：http://www.cbdio.com/BigData/2020-07/03/content_6157941.htm.

③ 详见上海数据交易中心网站“标准与资质”一栏，https://www.chinadep.com/standard.html.

④ 参见《大数据标准化白皮书 (2018)》，第 73-74 页。

表 6-7 大数据相关国家标准：行业应用[①]

二级分类	国家标准编号	标 准 名 称	状态
工业大数据	—	信息技术大数据工业应用术语	拟研制
	GB/T 38666-2020	信息技术大数据工业应用参考架构	已发布
	GB/T 38555-2020	信息技术大数据工业产品核心元数据	已发布
	20173820-T-469	信息技术大数据产品要素基本要求	已立项
	—	信息技术工业大数据工业订单元数据规范	拟研制
	20170057-T-469	智能制造对象标识要求	已立项
	20173805-T-339	智能制造制造对象标识解析体系应用指南	已立项
	20182054-T-339	智能制造工业数据空间模型	在研
	20182040-T-339	智能制造多模态数据融合系统技术要求	在研
	20182053-T-339	智能制造工业大数据平台通用要求	在研
	20182052-T-339	智能制造工业大数据时间序列数据采集和存储框架	在研
电子商务大数据	—	信息技术电子商务大数据采集规范	拟研制
	—	信息技术电子商务大数据仓库模型规范	拟研制
	—	信息技术电子商务大数据应用指标体系	拟研制
政务大数据	GB/T 38664.1-2020	信息技术大数据政务数据开放共享第 1 部分：总则	已发布
	GB/T 38664.2-2020	信息技术大数据政务数据开放共享第 2 部分：基本要求	已发布
	GB/T 38664.3-2020	信息技术大数据政务数据开放共享第 3 部分：开放程度评价	已发布
	20190842-T-469	信息技术大数据政务数据开放共享第 4 部分：共享评价	在研
服务大数据	—	信息技术服务大数据运维服务元数据	拟研制
	—	信息技术服务大数据教育行业督导平台技术规范	拟研制
	—	信息技术服务大数据电力行业运行数据运维技术规范	拟研制
生态环境大数据	—	信息技术生态环境大数据数据分类指南	拟研制
	—	信息技术生态环境大数据数据体系	拟研制

① 根据《大数据标准化白皮书 (2018)》《大数据标准化白皮书 (2020)》整理得到。

我们认为，大数据国家标准“行业应用”类别还不成熟、不平衡和不具体，还有较大的改进空间。“不成熟”体现在现今几乎没有任何与行业应用相关的标准落地，基本都处于“拟研制”状态。“不平衡”是指类别中工业子类的架构较为紧凑，而政务和服务子类规范不成体系。工业大数据领域已开展参考架构等基础标准的制定，对应用术语、产品要素、对象标识也有明确要求；但在政务大数据和服务大数据领域，体系建构较为滞后，相关条文不成结构。“不具体”表现为对应用行业的分类过于粗糙。大数据行业应用可分为两部分：一是数据量大的行业领域应用，例如电子商务、工业制造、交通物流、商贸零售、金融、能源、传媒、电信等；二是综合管理及科学研究领域的应用，例如医疗卫生、终生教育、社会保障、公共安全、城市规划、智慧交通等。① 即便针对某一具体行业，也提倡进行进一步分类并制定更为具体的应用标准，例如金融行业，传统金融领域与数字货币领域对数据的规范性要求就有所区别；再如，美国 1996 年《健康保险流通与责任法案》（HIPPA）及随后发布的隐私安全规则根据健康医疗数据的不同类型分别制定了具体的行业应用标准。同时，《白皮书 2018》中，服务大数据领域仅包括教育和电力两大行业，还不能覆盖涉及大数据交易的行业范围。

行业应用标准的制定，需要国家进行引导、组织和倡议，更需要各个行业自发进行协商、梳理和提议。标准化的作用在于减少不确定性，降低交易过程中的信息成本。目前，数据流通非常频繁的电子商务、金融、商贸零售、交通物流等行业都未能形成权威性的标准文件，阻碍了交易的规范性和畅通性。因而，我们呼吁与大数据相关的重要行业的应用标准应尽快建立和完善。

① 肖筱华，周栋．大数据技术及标准发展研究 [J]. 信息技术与标准化，2014 (04): 34-38.

第四节 大数据安全标准

大数据安全标准是标准体系中最重要的组成部分之一，贯穿于数据交易生命周期的各个阶段。大数据安全标准需回答一系列与数据分级、数据匿名化、数据泄露、数据监管相关的问题：使用个人信息时哪些数据需要匿名化，允许交易的匿名加工信息的认定机构、标准、流程，个人信息泄露之后各方的义务和责任分配，以及如何告知用户及监管部门并进行救济等。大数据国家标准对大数据安全和隐私问题的规范如表 6-8 所示。[①]

表 6-8 大数据相关国家标准：大数据安全和隐私

二级分类	国家标准编号	标准名称	状态
要求	GB/T 20009-2005	信息安全技术数据库管理系统安全评估准则	已发布
	GB/T 20273-2006	信息安全技术数据库管理系统安全技术要求	已发布
	GB/T 22080-2008	信息技术安全技术信息安全管理体系要求	已发布
	GB/T 22081-2008	信息技术安全技术信息安全管理实用规则	已发布
	GB/T 31496-2015	信息技术安全技术信息安全管理体系实施指南	已发布
	—	信息安全技术大数据参考架构第 4 部分：安全和隐私	拟研制
	—	信息安全技术大数据安全分级指南	拟研制
	—	信息安全技术大数据安全参考架构	拟研制
	—	信息安全技术数据脱敏指南	拟研制
	—	信息安全技术大数据平台安全技术要求	拟研制
	—	信息安全技术大数据跨集群安全技术框架	拟研制
	20130323-T-469	信息安全技术个人信息保护管理要求	在研
	20130338-T-469	信息安全技术移动智能终端个人信息保护技术要求	在研
检测评估	—	信息安全技术隐私保护评估方法	拟研制

① 参见《大数据标准化白皮书 (2018)》，第 73 页。

续表

二级分类	国家标准编号	标准名称	状态
方法指导	—	信息安全技术大数据中的隐私保护框架	拟研制
	—	信息安全技术个人信息保护指南	在研
	GB/Z 28828-2012	信息安全技术公共及商用服务信息系统个人信息保护指南	已发布

大数据安全分级对于保障数据安全、防止数据泄露具有重要意义。对个人数据的划分，按照“内容可检索性”分为个人公开数据、风险程度中等或个人与数据收集者容易发生利益冲突的个人数据和个人隐私数据。个人公开数据，在合法使用的前提下，原则上数据收集或发布企业及其他第三方都享有使用权，但第三方也应该遵循一些基本义务，例如注明数据来源等。针对风险程度中等或个人与数据收集者容易发生利益冲突的个人数据，应当充分尊重个人的自决权利体系，例如知情同意权、拒绝权和删除权等；同时辅以个人与数据收集者的共决和损害补偿来确定数据占有权的转移。涉及个人隐私的敏感数据，主要是指“一旦泄露、非法提供或滥用可能危害人身和财产安全，极易导致个人名誉、身心健康受到损害或歧视性待遇等的个人信息”，[①]严格受到隐私权、自由权等人格权不受侵犯的保护；对个人敏感信息严格脱敏之后，个人信息不可见，因而可作为数据产品参与交易。此外，还有一类数据，涉及危害国家安全和社会稳定的、涉及特定个人权益的或涉及特定企业权益的，应列入“数据流通负面清单”，杜绝其在数据市场上出现。

第五节　总结与建议

随着大数据技术不断取得突破，应用逐渐深入，新的标准化需求陆续诞生。本书建议由国家标准化小组牵头，政府、学术界、产业界

① 资料来源：《信息安全技术个人信息安全规范》。

多方合作，以“基础统领、应用牵引”为原则，结合国内外大数据技术和产业现状、大数据标准化现状，在现有体系上不断完善、更新现有大数据标准，以保障大数据标准对大数据技术、大数据产业发展的规范和促进作用。

除数据技术标准的建立外，阻碍数据标准化的另一因素是清晰的数据标准体系尚未落地。《数据标准管理实践白皮书》调研显示，目前国内外践行数据标准的模式主要包括数据集市模式、数据平台模式和生产系统开发建设模式等。其中，数据集市模式基本不影响生产系统，比如银行建设风控集市只做风控条线的数据标准，一旦上线，数据标准的落地效果可以很快显现。数据平台模式主要包括数据仓库、大数据平台和数据中台实施的数据标准等。大型生产系统开发建设模式是指契合渠道系统整合阶段进行标准建设，比如老旧系统升级改造。数据资源目录模式主要由政府推动，旨在实现政务大数据的融合。这些落地模式覆盖了从企业到行业、从地域到整体各层次的情形，具有广泛的适用性。

为推动大数据标准体系快速落地，除完善大数据技术标准外，还需要探索与生产和生活实际相适应的数据标准的实践模式，加强以应用需求为导向的标准研究；需要针对重点行业、领域、地区，开展大数据试点示范工作。

《白皮书 2018》所述的 104 项已发布、已报批、已立项、已申报、在研以及拟研制的大数据相关国家标准中，仅有 12 项为以行业应用为导向的标准项目，包含 6 项工业大数据标准、3 项政务大数据标准和 3 项服务大数据标准。这一方面反映出我国大数据标准化工作还缺乏以应用需求为导向，另一方面体现出标准化过程中各行业参与不足的现象。建议结合具体行业和领域，由国家进行引导和组织，各行各业协商和提议，尽快出台适用于具体行业的大数据应用标准。

第七章　大数据基础设施体系

第一节　大数据基础设施体系：层级观点

随着各界对于大数据的关注度不断提升，大数据的定义也趋于多样化。最为人熟知的大数据定义源于2011年国际数据中心发布的报告，[①]"大数据技术描绘了一个有关技术和体系的新时代，其设计的初衷是从大规模、多样化的数据中通过高速捕获、发掘和分析技术提取数据的价值"。这一定义蕴含着大数据的"4V"特征，即大容量（volume）、多样性（variety）、高速度（velocity）和有价值（value）。以上定义是从数据属性角度出发的，另有一种定义，基于体系的视角，由美国国家标准和技术研究院提出。其认为，大数据的容量、数据的捕获速度或数据的表示方式限制了运用传统关系型方法对数据的分析处理能力，需要水平拓展的机制以提高处理效率。[②]据此，大数据研究可分为大数据科学研究和大数据框架研究两类。大数据科学研究面向大数据捕获、调节和评估等，而大数据框架研究则需要解决大数据的分布式处理、大数据分析的软件库与算法等问题。大数据的基础设施，指的便是一个或数个大数据框架的实例化。[③]需要注意的是，这里讨论的数据基础设施，更偏向于广义的定义。大数据基础设施狭义上是指为框架中其他角色活动提供存放和运行大数据系统的资源，通

① Gantz, J., and Reinsel, D. (2011). Extracting value from chaos. *IDC iview,* 1142, 1-12.

② Cooper M, Mell P. (2012). Tackling Big Data. NIST.

③ 李学龙，龚海刚．大数据系统综述 [J]. 中国科学：信息科学，2015，45(01): 1-44.

常是物理资源的某种组合，用以支持虚拟资源的运行。[①]然而，对于数据这类虚拟资源而言，仅探讨支持其流通的物理资源是不够的。因此，本书中将大数据框架中的物理资源和技术资源，都纳入数据基础设施的范畴。

学界对大数据的系统架构通常持有两类观点。第一类由部分管理学者提出，基于价值链观点对大数据系统进行解构。与之相关的内容在本书其他章节中有涉及，由于其内容不是本章讨论的重点，故不再赘述。第二类为计算机学界提倡，基于层级观点，将大数据系统自下而上分为基础设施层级、计算层级和应用层级。基础设施层级是一个完整的信息通信技术资源池，通过分布式计算与分布式存储设施的联动，为大数据的高频计算和大量存储提供了可能。计算层级将数种数据工具封装并运行于信息通信技术硬件之上的中间件中。典型的数据工具包含数据集成、数据管理和计算编程模型等方面。数据集成是指从数据源中获取、预处理和整合数据的过程；数据管理是指数据的存储和检索技术，例如 SQL 和 NoSQL 技术；计算编程模型是指为数据分析服务的编程模块，如 MapReduce、Pregel 等。应用层级主要是指实现用途各异的数据处理和分析功能，例如统计分析、分类、聚类等，并组合分析方法开发适用于各领域的应用程序。尽管层级观点仅停留在概念层次，缺乏应用意义，但帮助我们划定了研究范围。本章涉及的数据基础设施体系，正是层级观点下的大数据系统的层级结构，不仅包括数据传输和存储硬件，也包括数据分析和处理技术。

第二节　数据生命周期中的基础设施

数字经济时代，面向海量数据构筑数据基础设施是促进数据有序流通的关键举措。华为公司认为数据基础设施与数据标准的建立类

① 中国电子技术标准化研究院全国信息技术标准化技术委员会大数据标准工作组，(2018), 大数据标准化白皮书 (2018 版). p. 52.

似，同样涵盖全生命周期，包括数据获取、存储、分析处理等。京东大数据平台部则在《京东大数据技术白皮书》中提出大数据基础设施架构应按照数据源、数据接入、数据存储、数据处理、数据分发和在线存储构建。[①] 程学旗等（2014）[②] 从大数据处理和大数据分析两方面介绍了大数据系统及技术。李学龙和龚海刚（2015）[③] 将数据生命周期分为数据生成、数据获取和数据存储和数据分析四个阶段对大数据基础设施进行综述。基于数据流通生命周期的各阶段对大数据基础设施进行讨论，几乎成为业界和学界的共识。本节将从数据获取、数据管理和数据分析三个数据生命周期中的重要阶段简介与之相关的基础设施。

一、数据获取

在数据生命周期中，数据获取的主要任务是将数据信息聚合，以待存储和分析。数据获取可被进一步细分为数据采集与共享、数据传输和数据预处理三个阶段。

1. 数据采集与共享

数据采集是指从现实世界中捕获源数据的过程，当今主要有两种流行的数据采集方法，分别为：传感器采集法和网络爬虫采集法。传感器采集法是一手数据最主要的收集方式，也是对物理对象最直接的数据采集手段。传感器包含温度、声音、距离、化学、压力等类别，经由有线或无线网络，将信息传送至数据聚合中心。传感器采集法被寄予厚望，源于人们对物联网前景的期待。传感器技术的开发，将促进工业数据互联网的形成，进一步带动制造业转型升级，推进“中国

---

① 京东大数据平台部 (2018). 京东大数据技术白皮书 . Retrieved from http://www.cbdio.com/BigData/2018-12/12/content_5949538.htm.

② 程学旗 , 靳小龙 , 王元卓 , 郭嘉丰 , 张铁赢 , 李国杰 . 大数据系统和分析技术综述 [J]. 软件学报 ,2014，25(09): 1889-1908.

③ 李学龙 , 龚海刚 . 大数据系统综述 [J]. 中国科学 : 信息科学 ,2015，45(01), 1-44.

制造2025”计划。网络爬虫是二手数据的重要获取方式，也是虚拟资源和人类身份、行为信息的主要收集途径。网络爬虫通过解析网页地址、请求获得源代码并抓取有效信息实现数据采集，具有自动化、高速度等特征。随着技术发展，现已出现采用 Selenium Web 自动化工具的动态爬虫、Scrapy 爬虫框架、运用机器学习技术进行识别的智能爬虫等，大大降低了互联网信息采集的难度。

数据共享是指理性的数据主体基于效用最大化而产生的主动分享数据的行为。高效、透明的数据共享需要活跃的平台和网络社区的出现，也需要保障数据流通的技术设施，例如区块链网络的搭建、云计算设施的部署等。数据共享基础设施的构建，需要同时兼顾到大数据在容量、速度、多样性、水平拓展性、数据形式与格式等的限制难度，此时依据数据内容的类型构建共享平台是可取的。例如，商业领域的数据对拓展性和相关限制的要求较高，网络领域的数据则要求更高的速度、容量和多样性等。

2. 数据传输

采集源数据后，须将其传送到数据存储基础设施中，因而需要数据传输基础设施的搭建。数据传输过程一般分为 IP 骨干网传输与数据中心传输两个阶段。

IP 骨干网传输是数据源与大数据中心的联络方式，提供大容量的主干线路将数据集从源头传递至数据中心。IP 骨干传输的容量和速率与物理媒体、链路管理高度相关。物理媒体指的是传输光缆，光缆的数量和质量直接决定传输的速率，此外，光缆束的鲁棒性也关乎数据传输的成功率。链路管理关系到信号如何在物理媒体上传送。波分复用技术是目前广泛应用的链路管理技术，其原理是在单根光纤上复用波长不同的多个光载波信号。但是，随着数据量呈现指数级增长，电信号带宽遇到瓶颈，新一代正交频分复用技术有替代传统波分复用技术之势。目前，每信道 100Gbps 带宽的接口已经投入商用，Tbps 级的数据传输也会在不久的将来成为现实。[①]

数据中心传输发生在IP骨干网传输之后，指的是数据在中心内部进行存储位置的协调等。数据中心传输牵涉数据中心体系架构与数据传输协议两个方面。数据中心由数个服务器组成，服务器之间通过局域网相连接，系统中的电子交换机控制着网络信号的转发。电子交换机的固有缺陷导致扩展通信带宽的同时也增加了能量损耗，因而如何在保证数据传输速率的同时减少不必要的损失就成为亟待突破的问题。目前，部分数据中心采用光互联技术替代传统的电子交换机，在保证高吞吐量的同时能够降低延迟。如果能够低成本地将光互联技术应用到各大数据中心，将有助于大数据行业的革新。数据传输协议目前主要包括TCP和UDP两种。UDP比TCP更适合大数据的传输，但缺乏堵塞限制，因而没有TCP稳定和可靠。如何结合两大协议的优点，是下一步需要克服的技术难题。

3. 数据预处理

数据预处理是排除干扰和冗余、提升数据可用性和保护用户隐私的重要环节。本小节简单介绍数据整合、数据清洗和数据脱敏三种常用的数据预处理技术。

数据整合，顾名思义，将分散的源数据进行汇集，为数据分析打好基础。数据整合是一项相对成熟的技术，一般通过数据仓库实现。数据仓库简称ETL，由提取、变换和装载三个步骤组成。提取是将数据仓库连接到源系统后进行数据的选择和收集，以备随后分析处理；变换是根据一系列的规则将取出的数据转换为标准格式；装载指的是将变换后的数据导入存储设施。然而，数据仓库方法对于流式数据的处理捉襟见肘，因而对于高度动态的数据，还需要开发更先进的数据整合技术。

① Jinno, M., Takara, H.,and Kozicki, B. (2009, September). Dynamic optical mesh networks: drivers, challenges and solutions for the future. In 2009 35*th European Conference on Optical Communication* (pp. 1-4). IEEE.

数据清洗是指对数据进行移除、修补或标准化以提高数据可用性和完整性的过程。一般的数据清洗包括如下五步：分析错误类型、标记错误、修正错误、文档记录和修改录入程序。数据清洗场景复杂，手法多样，没有固定的标准，个别情况下清洗模型高度复杂，因此需要在结果准确性与模型复杂性之间加以权衡。

数据脱敏是指通过对敏感数据的变形处理以保护隐私信息安全的一种技术手段。技术上，数据脱敏可分为静态脱敏和动态脱敏两种。前者适用于数据外发场景，例如导出生产数据进行开发、测试和分析等；而后者则通常直接用于生产或服务过程，例如客服调取用户的个人信息等。尽管近年来数据脱敏技术不断提升，但仍旧出现了脱敏不够彻底的现象，从而给用户隐私造成了潜在的威胁。因此，仅满足于现有的脱敏脚本是远远不足的，还需要不断加强软硬件措施，通过防火墙、安全接入网关等加以保护，此外，还需做好安全评估和基线审核工作，及时修补系统漏洞，防范木马病毒。同时，制定政策限制“反脱敏”也变得非常重要。

二、数据管理

数据管理环节涵盖存储数据基础设施的部署和数据管理框架的搭建。数据存储基础设施应满足数据存储在时间和空间上的要求。时间上，数据需能够持久存储，直到数据集被代替或者被彻底弃用为止；空间上，需要能够同时容纳至少 PB 级的数据量，并保证数据存放的可靠性。数据管理框架是高效组织信息的解决方案，关系到数据分析的难易度，同样值得关注。

1. 数据存储基础设施

数据存储基础设施主要是指实现数据物理存储的硬件设备，而硬件设备又可根据存储技术分类。典型的存储技术有随机存取存储器、磁盘和磁盘阵列、存储级存储器等。随机存取存储器简称 RAM，包括静态 RAM、动态 RAM 和相变 RAM 三种类型。其最大的特征是临时性，只要计算设备断电，便会丢失存储的信息，因而日常生活中人们常将采用该技术的固件称为“内存”。磁盘和磁盘阵列简称“机械硬盘（HDD）”，由多个磁碟构成，通过驱动臂上的磁头，完成数据的读写。机械硬盘容量大、成本低、存储久，但性能较差，数据读取速度慢，平均读写速度仅有 80MB/s，甚至难以应付 TB 级的数据量。另一类存储器称为“存储级存储器”，指所有非机械式的存储媒体，最典型的是“固态硬盘（SSD）”，SSD 与 HDD 间存在高度互补性，SSD 处理速度快、性能强，但单位成本极高，且损毁后数据不可恢复。基于这三类存储技术的存储设备性能指标各异，可满足不同应用场景，且可进行混合集成混合式存储系统，在追求高处理速度的同时满足大容量的需求。①

另外，也可从网络体系的视角理解数据存储基础设施。存储系统的组织方式大致可分为直接附加存储（DAS）、网络附加存储（NAS）和存储区域网络（SAN）三类。SAN 具有复杂的网络结构，可扩展性和处理性能都最强，但成本也最高。现今存在的数据存储基础设施难以完美匹配大数据大容量、多样性、高速度、高价值的特性，因而我们认为存储基础设施依旧有较大的开发和拓展空间。

2. 数据管理框架

数据管理框架在大数据流行之前就广受研究者们的关注。数据管理框架按照层次划分可大致分为三种：文件系统、数据库技术和计算编程模型。

文件系统是大数据系统的基础。早在 2003 年，谷歌公司便设计出了一个具有拓展性的分布式文件系统 The Google File System

① Strunk, J. D. (2012). Hybrid Aggregates: Combining SSDs and HDDs in a single storage pool. *ACM SIGOPS Operating Systems Review*, 46(3), 50-56.

（GFS）。[①]GFS 为大型数据文件的存储提供了可能，但由于其中心化的本质，一度出现单点失效的特征，且对于数据写入的支持不足。Hadoop 分布式文件系统（HDFS）的出现，一定程度上改进了上述问题，且提供了一个开源的框架，目前已被数据分析企业广泛采用。[②]星际文件系统（IPFS）建立了一套基于分布式存储和共享的网络传输协议，每一个在 IPFS 网络中的节点都能构成一个分布式文件系统。IPFS 协议基于区块链基础设施，实现永久性的、去中心化的保存数据文件，且能够追溯文件的修改历史，实现了优良的版本控制。此外，通过文件内容生成哈希值标识文件，能够节约存储空间。IPFS 协议是数据文件系统的一次革命，有巨大潜力带动数据共享与互联。

与文件系统相比，数据库技术的历史更为久远。最早诞生的是关系型数据库，但此类传统系统难以适应大数据多样性、大容量的特征，因而正逐渐被模式自由、复制简易的 NoSQL 数据库取代。依照数据模型，NoSQL 可细分为键值存储数据库、列式存储数据库和文档存储数据库等类型。键值存储数据库模型架构最为简单，类似于 Python 编程语言中的“字典”概念。实践中，主流区块链以太坊的完整交易信息就是以键值存储的形式保存的，可轻松通过 Ethereum ETL[③] 等 API 进行访问。列式存储数据库通过列存储架构存储和处理数据，更适合用于批量数据处理和实时查询。而文档数据库的架构最为精致，因而能够支持更复杂的数据结构。我们熟知的 MongoDB 就是一种文档数据库，其数据模型与 JSON 对象相似。

计算编程模型架构于数据库技术之上，能够实现复杂的应用逻辑，对数据分析至关重要。在介绍编程模型前先简单概括一下大数据的处

① Ghemawat, S., Gobioff, H., and Leung, S. T. (2003, October). The Google file system. In *Proceedings of the nineteenth ACM symposium on Operating systems principles* (pp. 29-43).

② 参见 HDFS Document, https://hadoop.apache.org/docs/stable/hadoop-project-dist/hadoop-hdfs/HdfsDesign.html.

③ 参见 https://ethereum-etl.readthedocs.io/en/latest/exporting-the-blockchain/.

理方式。根据处理时间需求，大数据处理可分为两类：流式处理和批处理。流式处理的核心思想在于数据新鲜度的假设。流式处理认为数据的潜在价值随数据新鲜程度降低而递减，因而越快处理数据越有效果。在这种模式下，数据以流的形式连续到达。流处理速度快，但对数据有严苛的要求，因而应用较少。批处理基于“先存储，后分析”的原则。批处理先将数据分成块，然后进行并行处理得到中间结果，最后再合并这些结果产生最终结果。批处理由于具有更高的通用性，能够实现更复杂的数据存储和管理。目前主要有三类计算编程模型，分别为通用处理模型、图处理模型和流处理模型。通用处理模型适用于一般应用问题，其最典型的应用即为 MapReduce 编程模型。该模型通过 Map 函数进行键值对映射，指定并发的归约函数，以保证所有映射的键值对中的每一个共享相同的键组。[①] 以 MapReduce 为代表的通用处理模型最大的优势在于其一般性和可靠性。图处理模型是一类用于大规模图计算的特殊模型，适用于社交网络等具有网络结构的数据分析。流处理模型是针对流式数据的分析模型，应用范围也较狭窄。考虑到大数据的特征，还是应注重基于批处理方式的编程模型，同时针对特定场景结合成本—收益分析开发更具效率的特殊模型。

三、数据分析

1. 数据分析的层次

统计数据具有多样性的特征，根据观察对象的属性可分为定性数据和定量数据，根据观测值分布可分为离散数据和连续数据，根据参数个数可分为一元数据和多元数据。数据分析也有多种方法。这里，我们借鉴 Maimon 和 Rokach（2005）对于数据分析的分类方式，[②] 将

① 参考百度百科“MapReduce”词条，https://baike.baidu.com/item/MapReduce/133425?fr=aladdin.

② Maimon, O., Rokach, L. (Eds.) (2005). Data mining and knowledge discovery handbook.

数据分析划分为描述性分析、预测性分析和验证性分析三个层次。

描述性分析是针对历史数据的特征进行描述，一般会报告数据集各变量的最大最小值、平均值、前 10%、前 25%、数据类型、数据分布等。描述性分析旨在发现数据集的独特性，例如通过线性回归探索解释变量和被解释变量之间的关系。可视化和数据建模是描述性分析中的重要技术，在经济学和商业分析中应用广泛。

预测性分析主要用于预测数据的发展趋势和某一数值未来发生的概率。统计机器学习模型对于大数据预测不可或缺。统计学习基于现有观测值训练学习算法，提取出数据观测样本点的特征，然后应用于测试集上，结果往往较为准确。

验证性分析又称“实证性因素分析”，强调通过回归等分析手段验证理论，突出因果关系。验证性分析在经济科学中被称作“计量经济学”，是现代经济学研究中十分重要的方法论之一。验证性分析为政策制定提供辅助，因此是现代国家治理中不可或缺的技术手段。

2. 数据分析的方法

数据可视化（data visualization）、统计分析（statistical analysis）和数据挖掘（data mining）是数据分析中最常用的三种方法。

数据可视化的目的是以直观的图形清晰显示数据的特征信息。一般而言，地图和表格能够协助人们快速理解信息。但当数据量大到一定程度时，描述性的传统表格无法充分表述数据集的所有属性，此时大数据可视化应运而生。大数据可视化技术能够全方位、多层次地揭示数据的内部结构。大数据可视化并非简单的归并作图。这一技术实现的前提是数据转换和视觉转换，[①] 通过网格表达等方法将信息在不同的解析度上显示。

统计分析基于统计理论，进行概率建模。传统统计分析方法分为

---

① 程学旗，靳小龙，王元卓，郭嘉丰，张铁赢，李国杰．大数据系统和分析技术综述 [J]. 软件学报，2014，25(09): 1889-1908.

描述性统计和推断性统计，描述性统计对观测值的分布进行摘要或描绘，推断性统计更进一步，要求揭示不同变量间的关系。此外，统计分析的技术在不断取得进展，非线性回归、因子分析、分类与聚类等方法都相继成为大数据分析的重要手段。

数据挖掘被定义为发掘大数据集中数据模式的计算过程。诸多数据挖掘算法已在机器学习、模式识别、人工智能等领域得到应用。最近深度学习广受学界和业界的关注。深度学习利用层次化的架构学习，将研究对象进行层级化表达，从而揭示出更为复杂和抽象的特征。各层级中，高层级的概念一般通过低层次的概念来定义。深度学习经常应用神经网络架构，如多层次感知机（multilayer perceptron，MLP）。深度学习与大数据结合也将有助于图像处理、自然语言处理等领域技术瓶颈的突破。

第四部分

数据安全与发展

第八章　数据安全与发展

第一节　个人隐私与国家安全

一、个人数据权与个人隐私

对于数据界权与数据交易，隐私问题始终是学术界关注和争论的焦点。随着互联网络和计算机技术发展，信息搜集、存储和交流都变得轻而易举，各企业、组织都在大量获取个人信息，因而近年来人们对隐私保护的意识不断增强，使得隐私的内涵显现出一种膨胀的态势。[①]隐私内涵的不断扩张，是其核心内容至今尚未能够达成共识的重要因素，也是各国近年来针对个人信息保护的法规条例内容分异的核心缘故。本小节将对“隐私”“隐私权”“网络隐私权”“私人信息”“个人信息权”“个人数据权”等容易混淆的名词进行讨论，厘清概念间的联系与区别。

人作为社会性动物，其生活可分为“公生活”[②]和“私生活”两部分。私生活产生的全部信息称为“私人信息”，而“隐私”是那些不愿意被窃取和泄露的私人信息。[③]因此仅对二者词义进行辨析时，“私人信息”的外延广于“隐私”。我们称某一行为“侵犯他人隐私”时，是指该行为盗取和披露了信息主体不愿公开的私人信息。由此，我们可以尝试对“隐私权”概念作界定。隐私权是公民享有的私人生活安

---

① 王利明 . 隐私权概念的再界定 [J]. 法学家 ,2012 (01):108-120+178.

② 指与公共利益相关的生活；后文“私生活”指与公共利益无关的生活。

③ 冯菊萍 . 隐私权探讨 [J]. 法学 ,1998 (11):3-5.

宁与私人信息依法受到保护，不被他人非法侵扰、知悉、搜集、利用和公开等的一种人格权。[①] 隐私权从根本上来说是一种“消极权利”，即排斥他人干涉、禁止他人侵害的权利。[②]

需要进一步明确的是，隐私权的主体只能是自然人，这是由“隐私”这一概念的定义决定的。企业法人由于不具有真正意义上的生活，便无从谈及私生活，因而不具有隐私权。但企业亦有不愿公开的秘密，例如可口可乐的绝密配方。此类秘密被称作“商业秘密”，受商法和知识产权法保护。这也提醒我们，本书中涉及“隐私”相关的讨论时，所指的一定是由私人行为衍生的、与私人信息相关的一类数据。

最早提出和在立法上确定“隐私权”这一概念的国家是美国。1890 年，美国法学家 Samuel 和 Louis 发表《隐私权》（The Right to Privacy）一文，被视作“隐私权”概念具有严格法律意义的开端。[③] 一个世纪以来，各国法学家经过不断讨论，基本就隐私权保护对象的范围达成共识。理查德·波斯纳对此做了一个较为精确的总结：隐私权包含“独处权利”与“保密权利”两部分。[④] 王利明（2012）依据这一划分方式，提出隐私权内容应由生活安宁和生活秘密两方面来构建。其中，“生活安宁”是指自然人的正常生活不受外人干扰的权利；生活秘密是指包括个人生理信息、健康状况隐私、身体隐私、基因隐私、财产隐私等一系列私密信息在内的非公开消息。现实生活中，阻碍生活安宁、泄露生活秘密的事件比比皆是。例如，常见的电话骚扰推介房屋现象，既是对受侵害者生活安宁的搅扰，也是对其财产秘密挖掘后的利用。

数字经济时代，人们对于网络环境下的隐私权的关注程度日益增加。也正因此，“网络隐私权”概念被正式提出。“网络隐私权”被

---

① 张新宝 . 隐私权的法律保护 [M]. 北京 : 群众出版社，1997.

② 王利明 . 隐私权的新发展 [J]. 人大法律评论 ,2009 (01):3-27.

③ Warren, S. D. , and Brandeis, L. D. (1890). The right to privacy. *Harvard Law Review*, 4(5), 193-220.

④ Posner, R. A. (1983). The economics of justice. *Law and Philosophy*, 80(4).

定义为公民在网上享有私人生活安宁和私人信息依法受到保护，不被他人非法侵扰、知悉、搜集、利用和公开的一种人格权；也指禁止在网上泄露与个人相关的敏感信息，涵括事实、图像及诽谤的意见等。[①] 赵华明（2002）[②] 指出网络隐私权不同于现实生活中的隐私权，还应包括知情权、选择权、控制权、安全请求权等内容。但这一观点与隐私权定义有相悖之处。网络隐私权并非一种独立的隐私权，而是隐私权在网络环境中的延伸。只不过由于虚拟空间与现实空间有所区别，网络环境中的隐私与传统隐私相比还具有“易侵害”等新特点，因而也需要独特的救济手段。[③] 综上，网络隐私权并没有跳脱出隐私权概念的范畴，是隐私权在互联网时代下的新发展，不应与其他权利相混淆。

此处提出的“个人数据权”，既不混同于“隐私权”，也不等同于“个人信息权”。在这里，有必要对隐私权与个人信息权进行区分。尽管隐私权保护的对象是“私人信息”，但隐私权与个人信息权仍旧存在明确的界分。[④] 首先，由于隐私是文明人的“精神性人身要素”，隐私权也被认定为一种精神性的人格权，不具有特别的财产价值；而个人信息权是集人格尊严与物质利益于一体的综合性权利，包含着财产价值。其次，隐私权权能是消极的，而个人数据权权能是积极的。隐私权是防御性的权利，权利主体无法主动行权，而只能在遭受侵害时寻求救济；相比之下，个人信息权是一种主动性权利。个人信息权是指个人信息本人依法对其个人信息所享有的支配、控制并排除他人侵害的权利。其权利内容包括有限制的信息决定权、信息保密权、信

---

① 参考百度百科“网络隐私权”词条，https://baike.baidu.com/item/%E7%BD%91%E7%BB%9C%E9%9A%90%E7%A7%81%E6%9D%83/909045.

② 赵华明．论网络隐私权的法律保护 [J]. 北京大学学报 (哲学社会科学版),2002，S1, 165-171.

③ 王利明．隐私权的新发展 [J]. 人大法律评论 ,2009 (01): 3-27.

④ 王利明．论个人信息权的法律保护——以个人信息权与隐私权的界分为中心 [J]. 现代法学 ,2013,35(04): 62-72.

息查询权、信息更正权、信息封锁权、信息删除权和报酬请求权。[①]从这个意义上讲，个人信息权也常常被称作“信息自决权”。[②]

个人数据权，并非隐私权的一部分，而应作为独立的一簇权利束来看待。主要原因如下：首先，个人数据与隐私的范畴互不包容。隐私是自然人主体不愿被披露的私人信息，而个人数据中不仅包含涉及个人隐私的敏感信息，还包含风险程度中等的争议性信息和完全公开信息。有些信息，如姓名、肖像、身份证号码等，由于涉及公共管理和社会交往，是必须在一定程度上暴露的。此外，隐私权无法在交易中转让，因为一旦发生交易，所谓的“隐秘信息”就已经泄露，隐私也就无从谈起；但从经济角度看，个人数据权中的使用权和收益权可以发生流转。这一特征决定着个人数据权的保护方式与隐私权也有所区别。隐私权受到侵害，仅能通过精神损失赔偿进行救济，而个人数据的救济方式还包括财产救济。当然，个人数据权与隐私权的保护对象有时存在一定交集。数据流通过程中，尽管数据主体在知情情况下主动共享的私人数据信息不属于隐私的范畴，但是这无疑提高了隐私泄露的风险。一是因为数据公开是有范围的，例如 A 与 B 达成一项数据交易且 A 向 B 公开了私人信息，但 B 在 A 未同意的前提下私自将未脱敏的隐私数据出售给 C，此时我们可以认为 A 的隐私受到了侵犯；二是因为存在第三方对数据主体进行骚扰或者利用公开信息进一步挖掘数据主体私密信息的隐患，延续上一例情形，如果 C 在获得 A 的身份信息后实行对 A 的跟踪和监视，以窥探其私生活，则此时 C 侵犯了 A 的隐私权。这一案例中，数据主体的个人数据权和隐私权都遭到了侵犯。

个人数据权也不完全等同于个人信息权。目前，各国（地区）理

---

① 个人信息权——MBA 智库百科 . (n.d.). Retrieved December 13, 2020, from https://wiki.mbalib.com/wiki/%E4%B8%AA%E4%BA%BA%E4%BF%A1%E6%81%AF%E6%9D%83.

② Breckenridge, A. C. (2006). *The right to privacy*. University of Nebraska Press.

论和立法都不同程度地出现了混用“数据”和“信息”的现象。[①]欧盟成员国倾向于将立法对象描述为“数据”（data），韩国和加拿大则在立法名称中使用“个人信息”（personal information），而中国港澳地区则习惯用“资料”作为“data”一词的翻译。[②]早在2009年，“数据民主”运动沸沸扬扬的时期，我国学者并不区分数据和信息，而是普遍将个人数据权内涵于个人信息权。[③]但数据毕竟不同于信息。数据是信息的一种具体表达形式，对数据进行界权和立法保护，无疑比对个人信息立法更为具体；此外，数据既是信息本体，也是信息媒介；[④]当然更重要的是，大数据行业的崛起使得人们对于数据的关注程度远高于其他信息形式，关于数据权属界定的呼声此起彼伏。个人数据权与个人信息权的区别，不仅在于字面上的区分，更在于概念背后逻辑的分野。个人信息权强调个人信息依法有序流动、不受侵犯；个人数据权不但能够从法律角度为数据界权提供理论支持，而且可以在经济层面给予数据交易以学理支撑，既维护了个人信息安全，又为大数据交易行业发展奠定理论根基。

二、数据主权与国家安全

国家安全是一个国家生存和发展的基石。当前，国家安全既面临政治安全、经济安全、军事安全、领土主权等传统安全问题，也面临网络安全、数据安全等一系列新型安全问题。这意味着我们不仅需要捍卫政治主权、经济主权、军事主权和领土主权，还需要固守网络主权和数据主权。数据主权是指国家对其政权管辖区域内的数据具有产

① 齐爱民．拯救信息社会中的人格：个人信息保护法总论 [M]. 北京：北京大学出版社 2009.

② 梅夏英．数据的法律属性及其民法定位 [J]. 中国社会科学，2016(09):164-183+209.

③ 魏远山．我国数据权演进历程回顾与趋势展望 [J]. 图书馆论坛，2020，1-13.

④ 郑彦宁，化柏林．数据、信息、知识与情报转化关系的探讨 [J]. 情报理论与实践，2011(07):1-4.

生、传播、管理、控制、利用和保护的权力。[①]目前，学术界主要存在四种关于数据主权界定的观点。其一，有学者认为数据主权是网络空间中的国家主权，[②]但是这一观点并不能完全契合数据流动的特征。其二，有学者认为数据主权是国家独立管理和利用本国数据的权力。这一观点运用了传统主权的界定框架，但是并不能完全覆盖数据传播过程中对于数据基础设施等角色的描述。其三，另有观点支持数据主权是数据所有者占有、使用和处理其数据的能力，[③]但这一界定无法体现主权国家的治权。其四，也有观点主张将数据主权分为对内控制权和对外独立性两方面，即对内享有数据保护、管理和控制的权力，对外表现为一国对网络信息技术进行监管、自主发展网络信息技术等权力。显然，最后一种观点对于数据主权的界定更贴近于其本身的定义，也更符合国家在数据流通中扮演的角色。

依据传统主权理论，主权包括管辖权、自卫权、独立权和平等权四项。国家主权延伸到数据空间，具体表现为数据管辖权、数据独立权、数据平等权和数据自卫权。[④]

数据管辖权是指一国对本国数据管理和处置的权力，体现为国家权力机关对数据空间的监管，是主权原则的具体体现。

数据独立权是数据主权的最基本内容，是指国家独立自主制定法规政策，不容境外势力干涉。数据独立权意味着一国的数据系统不受制于其他任何国家或组织，即便是在网络和应用技术方面也不例外。而实际上美国控制着全球互联网的关键基础资源，威胁着其他国家的数据独立权。若要真正意义上实现数据独立权，一是要全力推动“共

① 齐爱民，盘佳．数据权、数据主权的确立与大数据保护的基本原则 [J]. 苏州大学学报 (哲学社会科学版),2015，36(01):64-70+191.

② 曹磊．网络空间的数据权研究 [J]. 国际观察，2013 年 (01): 56. Retrieved from http://www.cnki.com.cn/Article/CJFDTotal-GJGC201301009.htm.

③ De Filippi, P., and McCarthy, S. (2012). Cloud computing: Centralization and data sovereignty. *European Journal of Law and Technology*, 3(2).

④ 大数据战略重点实验室．数权法 2.0：数权的制度建构 [M]. 北京：社会科学文献出版社．2020: 206.

同治理”方针，提倡互联网由政府间组织共同管理和维护，反对美国霸权；二是要加快自主创新，研制出高质量的数据库系统，打破技术垄断。

数据平等权指的是“一国不得对其他国家主张数据管辖权和平等参与国际数据合作共享的权利”。[①] 首先，数据平等权要求平等享有数据资源，即在不侵犯他国利益情况下，任何国家的公民都享有自由使用数据并不受歧视的权利。其次，数据平等权还要求平等地制定数据规则，各国在全球数据治理体系中享有平等的话语权。最后，数据平等权还强调数据空间中的国家行为豁免，这间接体现了国家主权平等。

数据自卫权是指国家遭受数据监控、窃取或袭击时防卫的权利。《联合国宪章》第六章第五十一条规定，“在安全理事会为维持国际和平与安全采取必要措施前，如遇联合国某会员国遭受武装攻击，本宪章的任何规定均不得损害其行使个别或集体自卫之固有权利。会员国为行使此项自卫权所采取的措施，应立即报告安全理事会，且不得以任何方式影响安全理事会在任何时候为维持或恢复国际和平与安全而采取其认为必要的行动的权力和责任”。[②] 依据这一条款，国家享有自卫权。关于数据自卫权，争议的焦点集中于“数据攻击是否算作武力攻击”这一问题。在现代高科技战争模式中，信息打击早已成为武力攻击的一种。只要数据攻击造成了实质性的打击，主权国家就可以针对这种攻击发动数据自卫权。

然而，在实践中若过度强调数据主权的绝对独立性，只会造成多重管辖的冲突现象，加剧数据空间的“无秩序状态”，使部分国家陷入数据安全困境。[③] 数据和领土不同，数据跨境流动频繁、存储分散

---

① 李爱君，张珺 (2017). 数据的法律性质和权利属性. 新时代大数据法治峰会——大数据，新增长点，新动能，新秩序论文集。

② 参见联合国官网，https://www.un.org/zh/sections/un-charter/chapter-vii/index.html.

③ 孙南翔，张晓君. 论数据主权——基于虚拟空间博弈与合作的考察 [J]. 太平洋学报，2015，23(02): 63-71.

的特征颠覆了传统主权绝对独立性的理论。事实上，一国既无法对本国数据独立地行使占有权和管辖权，也无法彻底阻挡外来干涉。如果多国同时强调数据主权的绝对独立性，将会造成数个管辖权的交集，继而产生数据主权冲突。此外，存在部分国家借数据主权独立性这一理由单边控制信息及相关技术的现象。例如，利用法律将数据中心安置在国家控制范围内，形成云服务垄断。某种意义上，该举措侵犯了公民的数据权、知情权和贸易自由权。

鉴于以上考虑，数据主权需进行适度的让渡。数据主权的适度让渡是指数据管辖权的适度让渡和数据所有权的适度让渡。① 前者是指一国可将数据管辖权部分让渡给遵守本国与数据相关的法律法规的企业。这些企业可合法利用数据资源并开展商业活动，但须接受本国有关部门监管和审查。后者是指本国应将他国所产生的、存储或运算于本国之上的数据所有权让渡给他国。实质上，数据主权让渡是一种牺牲短期的、局部的利益以换取长期的、整体的利益的方式。② 数字经济时代，决定国家是否在数据空间让渡主权以及如何让渡主权的仍旧是国家利益。数据主权让渡必须以“不损伤国家利益，不危害国家安全”为底线。

面对数据主权自发博弈的对抗状态，除让渡部分数据主权外，还可以采取主权合作的形式。平等享有对国际事务的参与决策权，是数据主权合作的前提和保障。开展合作维护共同安全、发展共同利益是数据主权行使的重要路径。数据主权合作须秉持公平互利的基本原则，防止在数据空间生成权力导向的格局。基于公平原则，发展中国家、不发达国家应得到来自国际社会的援助，以提升管辖、控制和利用本国数据的能力，时刻防范数据霸权和数据恐怖行为等数据安全威胁。

关于数据主权合作模式，其核心思路在于对管辖权范围的合理界

---

① 大数据战略重点实验室．数权法 2.0：数权的制度建构 [M]. 北京：社会科学文献出版社，2020：225.

② 李慧英，黄桂琴．论国家主权的让渡 [J]. 河北法学，2004 (7).

定。管辖权范围的界定，需建立在主权和治权的基础上，合理界定属地与属人管辖原则。基于数据易流动的特性，数据空间中的无国界性问题无法通过传统管辖权处理，因而应在传统管辖权基础上辅以“效果管辖原则”[①]——若一国行使数据管辖权时，其效果延伸到他国，或对他国的安全和利益造成影响，则他国有权行使数据管辖权，约束该国过度膨胀的管辖权力。

第二节　案例探讨

一、脸谱网（Facebook）“剑桥门”事件

互联网和大数据的快速发展，为数字经济带来良好发展机遇的同时，亦造成大量的数据泄露事件。据中国网络安全审查技术与认证中心数据，仅在2020年前6个月中，国内外就发生了20起重大的数据泄露事件，造成惨重的代价。调研显示，数据泄露的平均周期为279天，且泄露事件发生后200天左右才能发现，另需超过70天的时间方能控制发展态势。[②] 部分泄露的数据涉及上亿用户的私人信息，在暗网进行拍卖，对用户隐私、财产安全甚至是人身安全造成严重威胁，而又难以追查。本小节将以震惊世界的Facebook“剑桥门”事件为案例，探讨数据泄露的负面影响以及数据安全的重要性。

2018年3月17日，英国《卫报》和美国《纽约时报》揭露剑桥分析（Cambridge Analytica）政治咨询公司未经授权搜集并滥用Facebook社交平台上超过5 000万名用户的私人信息数据。随后，Facebook官方自曝此次数据泄露事件对大致8 700万名用户造成影

① “效果原则”指当公司在国外行为对国内产生“效果”时，就对其行使管辖权，由美国法院在1948年的“美国铝公司”案中提出。

② 参见中国网络安全审查技术与认证中心官网，http://www.isccc.gov.cn/xwdt/xwkx/07/903972.shtml.

响。[①] 据调研，剑桥分析将非法收集到的数据应用于美国总统竞选活动中，并为特朗普（Trump）团队服务。该事件一经曝光，立刻引起全球范围内的轩然大波。公众不仅因为政治选举遭到操纵而感到愤怒，更因为个人信息遭到滥用感到担忧。2018 年 4 月中旬，Facebook 总裁马克・扎克伯格出席美国国会听证会，就 Facebook“剑桥门”事件致歉，并选择接受国会议员的审问，这一事件再度引发各国媒体关注。人们开始意识到，各大社交平台依赖用户数据的商业模式获得传统社交媒介无法企及的成功的同时，对政治民主和用户隐私的威胁也达到了前所未有的高度。

Facebook“剑桥门”事件可追溯到 2010 年。Facebook 向开发者推出“Open Graph”平台，允许外部开发者接触平台用户，并可通过请求的方式访问用户个人数据，甚至是其好友的数据。2013 年，剑桥大学心理学系教授 Aleksandr Kogan 开发了一款名为“This is My Digital Life”的性格测试应用，一时引发网友测试热潮。据称有近 30 万用户参与测试，8 700 万名用户数据被收集。随后 Kogan 无视 Facebook 对于开发者访问规则的调整，私自将不正当获取的数据集转交给剑桥分析公司。剑桥分析利用非法数据进行有关选民政治偏好的分析，定位具有可塑性的选民并借助政治广告的精准投放、虚假宣传等手段，操纵政治选举。[②]

事件发酵后，Facebook 面临大量调查。美国联邦贸易委员会怀疑 Facebook 违反了此前与美国政府达成的一项有关用户隐私保护的和解协议。美国国会督促 Facebook CEO 扎克伯格先后两次出席听证会，并提出质询意见。刚刚经历“脱欧公投”事件的英国也对“剑桥分析”事件表现出高度关注，对 Facebook 展开多次调查，并围绕隐

① Dinha, F. (2018, May 3). The Cambridge Analytica Scandal Has People Quitting Facebook but Business Pages Are Untouched. Entrepreneur. https://www.entrepreneur.com/article/312126.

② Berghel, H. (2018). Malice domestic: The Cambridge analytica dystopia. *Computer*, 5, 84-89.

私权进行辩论。Facebook 分别做出谨慎回应，一方面通过渲染数据挖掘的商业模式来转移公众注意力，另一方面积极致歉并迅速出台新的用户数据保护协议。Facebook 的谨慎公关最终帮助公司成功度过危机，但既未能打消公众关于隐私问题的疑虑，也未能在实质上解决数据安全问题。

抛开政治影响不谈，Facebook“剑桥门”事件被定性为“对个人隐私的侵犯”。欧洲议会主席塔亚尼声称 Facebook 用户数据遭到不当使用是“对公民隐私权的侵犯”[①]，是不可接受的。Facebook 对此进行反驳，认为该事件中并未涉及任何用户密钥的泄露，所有已泄露的信息均是用户公开在其个人主页的信息，并不涉及“隐私的侵犯”。Facebook 的回应似乎不无道理。首先，用户填写问卷公开信息的行为是自愿的，公布的私人信息不能称之为“隐私”；其次，Facebook 并非整个事件的策划者，不过是为开发者提供了一个 API。但详细分析，会发现 Facebook 也难逃其咎。

其一，平台用户允许开发者获取自己的个人数据，并不等同于他们对数据用途知情。事实上，参与测试的用户既缺乏意识也没有渠道了解自己信息的去向。即便平台要求用户同意数据使用和保护协议，通常也不会有人认真阅读协议内容。如果用户受到应用包装的“蛊惑”而提交了私人信息，此时不能认为用户愿意公开自己的这部分数据，因为用户可能根本没有意识到自己的数据被收集并存在被应用于小测试之外的可能。如果用户提供的数据是自己不愿泄露的，其隐私就遭到了泄露。退一步讲，即便用户隐私没有遭到侵犯，用户缺乏对数据用途的了解，本身即是对个人数据权的侵犯。目前，微信等社交平台上存在大量小程序套用“性格测试”“恋爱测试”的外壳，给予用户一些虚假结果，收集用户数据，而这一过程中并未涉及隐私保护协议，存在隐私泄露风险。

其二，参与测试的 30 万名用户不仅公布了自己的个人信息，也

---

① 新闻来源：搜狐新闻，https://www.sohu.com/a/226088191_550778.

在其好友不知情的条件下提供了大量好友的个人信息，这再次违背了“自愿”和“知情”的原则。最后，数据集泄露为隐私侵犯提供了前提。公众仅了解剑桥分析将数据用于总统竞选分析，但对数据集的其他去向一无所知。如果泄露出去的用户画像为破解用户账户或监视用户生活提供了资料，就构成了对用户隐私的侵犯。而 Facebook 作为用户个人数据的存储和管理者，有责任保护用户的个人隐私和数据安全。

另外，Facebook“剑桥门”事件还带来一些潜在的负面影响。事件发酵仅两个月后，欧盟便出台了史上最严格的数据保护条例《通用数据保护条例》（General Data Protection Regulation，GDPR），空前增加了对个人数据的保护程度。由于剑桥门事件的影响，GDPR 几乎没有遭遇美国的任何阻挠，全球化历程畅通无阻。GDPR 的出台大幅增加了互联网企业和数据公司的运营成本，减少其营业额，并重塑其商业模式。① 当然，这对于 Facebook 等一类互联网巨头不会有太大影响，正如扎克伯格所言，“我们预计不会对整体收入和业务模式做出重大调整”。② 然而，这对于自由的数据流动而言是一次巨大的打击，那些依靠数据收集与流通的企业将面临灭顶之灾。互联网巨头将进一步加强对数据源的垄断，这无疑是对数据共享的损害，是数字经济的负担。

总而言之，我们对数据安全问题应持“中庸”态度，既不能坐视不理，也不宜作惊弓之鸟状，过度强调数据隐私保护而忽视数据流通对经济发展的意义也是不合理的。关于数据安全与数字经济发展的权衡，仍需博采众长，找到一条适合我国发展的“中间道路”。

---

① 方兴东，陈帅．Facebook- 剑桥事件对网络治理和新媒体规则的影响与启示 [J]. 社会科学辑刊，2019 (01):102-109.

② Spangler, T., and Spangler, T. (2018, April 17). Facebook Is Bruised but Far From Broken After Congressional Scolding. *Variety*. https://variety.com/2018/digital/news/facebook-congressional-hearings-mark-zuckerberg-business-analysis-1202755118/.

二、信息银行：一种数据信托机制设计

Facebook“剑桥门”事件只是无数个人信息泄露事件的一个缩影，而在无数个人信息泄漏事件的背后则是“告知 - 同意”这一现行个人数据保护原则的弊端。“告知 - 同意”，即企业在使用用户的个人信息前应当告知用户并获得其同意。然而，在具体实践过程中，如何告知、怎样才算同意成为这一方式的重要痛点。另外，鉴于用户与企业间的不对称信息及地位，所谓的同意是否建立在公平基础之上也有待讨论。可以说，建立在“告知 - 同意”基础上的个人信息保护制度无法让用户完全免于隐私泄露风险。在此背景下，数据信托应运而生。

所谓数据信托，是将数据纳入信托范围，明确规定委托人、受托人、受益人三方责任、权利与义务的一种法律机制。下面，本小节将简单介绍日本的数据信托机制设计——信息银行。信息银行，顾名思义，是以数据作为主要经营内容的“银行”，其基于与个人的合同以及个人数据存储系统，是进行个人数据管理、根据个人指示或预定条件把数据提供给第三方的经营机构，由柴崎亮介在 2012 年首次提出。

信息银行的基本架构中存在三个主体：数据主体、信息银行和监管机构。信息银行的基本工作流程如图 8-1 所示。数据主体需要到信息银行的服务窗口签署个人数据存储的合同（也可采取智能合约形式）；信息银行在对这些数据脱敏后告知数据主体数据用途并征求其同意，经授权后再提供给使用这些数据进行营利性活动的企业，信息银行据此获得回报；另外，信息银行将向个人支付现金、折扣券、积分、服务信息等作为对其提供数据的对价。例如，某公民将其个人体检数据存入信息银行，那么其就有权获得健康咨询的免费服务。再如，三菱 UFJ 信托银行的信息银行服务 DPRIME 通过内置传感器的鞋子收集步行记录并在手机应用程序上进行管理，用户自主选择可提供的信息并许可企业使用后便可得到报酬（用户每天走路即可换钱），企业可将信息用于本公司的商业分析。不同信息银行间也可以进行合作，

监管机构则对信息银行的数据存储、脱敏、分析等全生命周期活动进行监督和管理。

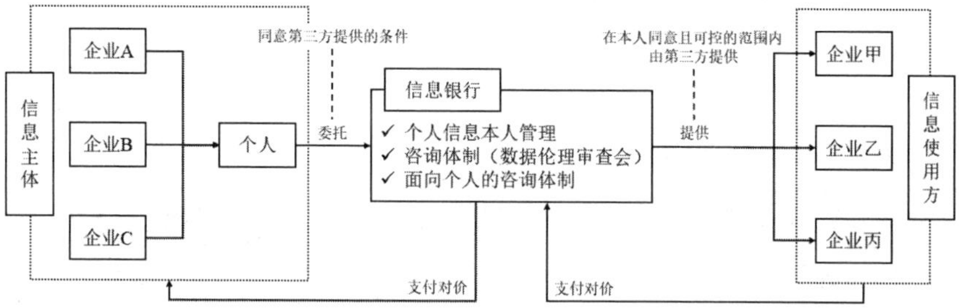

图 8-1　信息银行的基本工作流程①

技术方面，有学者总结到②，信息银行的设计应当至少满足以下三条原则。其一，分布式存储。分布式存储有利于保障信息主体的数据安全，避免了“把鸡蛋全部放在一个篮子里”，若有黑客侵入数据存储系统，则可避免其一次性获取全部信息。其二，数据存储可视化、指标化。该条原则能够便于用户了解其个人数据的管理状态。其三，数据分析云服务。信息银行不向数据利用者提供原始数据，只根据对方需求提供数据分析服务。

早在 2016 年，日本政府便在“数据流通环境整备检讨会”上提出“信息银行”的构想，旨在为个人数据资产打造管理和交易的统一平台。2017 年，日本政府开始推动信息银行的筹建和制度化，试图建立一种以个人为起点的数据流通体系，由数据主体决定个人数据的利用。随后，日本政府连续出台《信息信托功能认证指南 1.0》《信息信托功能认证指南 2.0》。2018 年，IT 团体联盟根据《信息信托功能认证指南 1.0》开始对开展以及准备开展信息银行业务的国内企业进行审核认证。2020 年春季，日本瑞穗银行和软银集团已经开始向企业提供消费者个人信息的“信息银行”服务。③2021 年，日本已有

① 根据「情報信託機能の認定に係る指針 ver2.0」第 3 页整理得到。

② 根据 https://page.om.qq.com/page/OwJCCfcntdQACH0DHMfXbbzA0 整理得到。

③ 资料来源：https://baijiahao.baidu.com/s?id=1654061034388088910&wfr=spider&for=pc.

包括三井住友信托银行、中部电力公司等在内的七家信息银行，[①]如图 8-2 所示，管理包括用户基本属性、网上购物记录、行动轨迹、病例档案等信息，[②]提供包括数据理财、金融风险评估、个人信用评分等在内的服务。

情報銀行認定一覧

認定公表日	事業者名	サービス名	通常認定/P認定
2019年6月26日	三井住友信託銀行株式会社	「データ信託」サービス（仮称）	P認定
2019年6月26日	フェリカポケットマーケティング株式会社	ワタシポスト ※2021年2月にサービスを開始	P認定
2019年12月25日	株式会社J. Score	情報提供サービス（仮称） ※今後、情報銀行サービスを開始	P認定
2020年2月17日	中部電力株式会社	MINLY（マインリー） ※2020年3月にサービス実証開始	P認定
2020年3月12日	株式会社DataSign	paspit（パスピット）	通常認定
2021年1月18日	株式会社マイデータ・インテリジェンス	マイデータ・バンク「MEY」	通常認定
2021年3月29日	株式会社MILIZE（ミライズ）	保険データバンクサービス（仮称） ※今後、情報銀行サービスを開始	P認定

图 8-2　日本信息银行认定一览表[③]

第三节　数据分类分级管理

如何平衡数据安全与数据价值开发是数据流通面临的主要难题。除数据信托外，数据分类分级管理也是近期被热议的一大重要解决方案。

① Decision on Certification of Personal Data Trust Bank | Press Release | MIC ICT Policy https://www.soumu.go.jp/main_sosiki/joho_tsusin/eng/pressrelease/2021/3/29_02.html.

② 雷紫雯 . 日本个人信息保护与合理使用探索及启示 [J]. 青年记者 ,2021(13):93-94.

③ 注：“P 认定”是指在“信息银行”服务开始前制订的计划、运营、执行体制等符合标准，而在服务开始后应运营、执行等的改善所取得的认定为“通常认定”。本表来源：https://www.soumu.go.jp/menu_news/s-news/01ryutsu02_02000298.html.

一、数据分类分级管理的含义和重要性

数据分类是指根据数据的属性或（和）特征，按照一定原则和方法进行区分和归类，以形成一定排列关系和层级体系的数据管理方式；[①] 数据分级是指在数据分类的基础上，采用一定方法区分数据的重要程度或（和）敏感程度，并依此确定数据级别的数据保护思路。[②] 所谓数据分类分级管理，是在对数据进行分类的基础上定级，并进行分级保护、分级管控的制度设计。

识别重要数据和敏感数据是国家主管部门和企业进行数据安全管理工作的必要前提，也是合理分配监管力度的重要基础。根据种类和级别对数据采取有针对性的安全保护策略将促成数据安全保护制度的落地，也有利于降低监管的执行成本、提高监管的总体效率。可以说，数据分类分级管理是实现数据安全与数据价值开发平衡的有效管理模式之一。下面，本节将从国家立法、地方政府、部门规章、行业应用四个层面说明我国数据分类分级管理的基本现状。

二、数据分类分级管理的基本现状：国家立法层面

从国家立法层面上看，我国基本形成了以《中华人民共和国网络安全法》（以下简称《网络安全法》）为起点，以《中华人民共和国数据安全法》《中华人民共和国个人信息保护法》《中华人民共和国保守国家秘密法》为发展和补充的数据分类分级管理法律体系。这四部法律的章目构成如表 8-1 所示。从章目构成不难看出，我国的数据分类分级管理法律体系主要从两个方面对数据分类分级管理进行了约束和规范：其一，区分了一般数据、重要数据[③]（敏感数据）和国家秘密，

---

① 资料整理自：浙江省《数字化改革公共数据分类分级指南》。

② 同上。

③ 所谓重要数据，根据近期发布的《重要数据识别指南（征求意见稿）》，是指以电子方式存在的，一旦遭到篡改、破坏、泄露或者非法获取、非法利用，可能危害国家安全、公共利益的数据。重要数据通常与经济运行、人口及健康、自然资源及环境、科学技术、安全保护、应用服务、政务活动等相关。

并针对这三类数据进行了分级保护；其二，将跨境作为数据使用的特殊场景，强调并设计了数据的跨境提供和使用规则。

表 8-1 中国数据分类分级管理法律体系的章目构成[①]

章 目	《网络安全法》	《数据安全法》	《个人信息保护法》	《保守国家秘密法》
第一章	总则	总则	总则	总则
第二章	网络安全 支持与促进	数据安全与发展	个人信息处理规则 • 一般规定 • 敏感个人信息的处理规则 • 国家机关处理个人信息的特别规定	国家秘密的 范围和密级
第三章	网络运行安全 • 一般规定 • 关键信息基础设施的运行安全	数据安全制度	个人信息 跨境提供的规则	保密制度
第四章	网络信息安全	数据安全 保护义务	个人在个人信息 处理活动中的权利	监督管理
第五章	监测预警 与应急处置	政务数据 安全与开放	个人信息处理者 的义务	法律责任
第六章	法律责任	法律责任	履行个人信息 保护职责的部门	附则
第七章	附则	附则	法律责任	—
第八章	—	—	附则	—

我国的数据分类分级管理法律体系建设以 2017 年《网络安全法》为起点。《网络安全法》第二十一条规定："国家实行网络安全等级保护制度。网络运营者应当按照网络安全等级保护制度的要求，履行下列安全保护义务，保障网络免受干扰、破坏或者未经授权的访问，

① 资料来源：笔者根据公开资料整理得到。

防止网络数据泄露或者被窃取、篡改：……（四）采取数据分类、重要数据备份和加密等措施……”此后四年，国家层面并无涉及数据分类分级管理的相关法律出台。[①]2021 年，《数据安全法》与《个人信息保护法》相继在全国人民代表大会常务委员会会议上审议通过，数据分类分级管理的法律体系才得到进一步补充和完善。

《数据安全法》第二十一条明确提出“国家建立数据分类分级保护制度，根据数据在经济社会发展中的重要程度，以及一旦遭到篡改、破坏、泄露或者非法获取、非法利用，对国家安全、公共利益或者个人、组织合法权益造成的危害程度，对数据实行分类分级保护。”并进一步要求各地区、各部门针对重要数据和国家核心数据制定相应目录以加强管理。此外，《数据安全法》第三十条对重要数据处理者也提出了进一步要求：“重要数据的处理者应当按照规定对其数据处理活动定期开展风险评估，并向有关主管部门报送风险评估报告。”[②]

《个人信息保护法》将个人信息的处理规则分为一般信息处理规则和敏感信息[③]处理办法，第二十八条和第五十一条对个人信息处理者提出了应对个人信息试行分类管理的基本要求，并且“只有在具有特定的目的和充分的必要性，并采取严格保护措施的情形下，个人信

---

① 在此四年中，尽管国家层面并无涉及数据分类分级管理的相关法律出台，但是部门规章层面、行业应用层面均出台了一些数据分类分级的标准及指南，详见后文。由此，《数据分类分级保护现状与综述》一文在总结我国数据分类分级管理的发展特点时指出，在《数据安全法》出台前后，我国数据分类分级管理经历了自下而上到自上而下的转变。参考自：https://mp.weixin.qq.com/s?__biz=MzUwOTkwNzEwNg==&mid=2247489672&idx=1&sn=b06d7da63b1f624f35851ff2f95957cd&chksm=f90a4145ce7dc853817d6a1222dd0d96e5cf61ea721e3a694f930cc49aee1f770f2e760e4752&mpshare=1&scene=24&srcid=1122gaGpHCWqBCCKBgbKUAP5&sharer_sharetime=1637556630828&sharer_shareid=405d3cd133647ca5c6ee941087a59ded#rd.

② 风险评估报告应当包括处理的重要数据的种类、数量，开展数据处理活动的情况，面临的数据安全风险及其应对措施等。

③ 所谓敏感信息，根据《个人信息保护法》第二十八条，是指一旦泄露或者非法使用，容易导致自然人的人格尊严受到侵害或者人身、财产安全受到危害的个人信息，包括生物识别、宗教信仰、特定身份、医疗健康、金融账户、行踪轨迹等信息，以及不满十四周岁未成年人的个人信息。

息处理者方可处理敏感个人信息”。

就数据跨境这一特殊场景而言，《网络安全法》第37条最早规定了关键基础设施[①]运营者的个人信息和重要数据应当在境内存储，若因业务需要必须出境的，则须进行安全评估。但是，此后并未进一步出台相关可操作性规范。[②]2021年，《数据安全法》第31条以及《个人信息保护法》第38、40、41条分别从重要数据出境和个人信息出境两方面对我国的数据出境安全评估制度进行了完善。

需要注意的是，在《数据安全法》《个人信息保护法》等法律的附则中还特别提到“开展涉及国家秘密的数据处理活动，适用《中华人民共和国保守国家秘密法》等法律、行政法规的规定”。《保守国家秘密法》可以说是我国较为早期的分类分级管理的法律实践，其第十条规定“国家秘密的密级分为绝密、机密、秘密三级”。

三、数据分类分级管理的基本现状：地方政府层面

地方政府层面，目前至少已有贵州省、重庆市、湖北省、上海市、浙江省、河北省、北京市等七个省市出台了数据分类分级管理的相关指南及规范。其中，贵州省于2016年即出台了《政府数据　数据分类分级指南》，其余六个省市则均于2021年才出台相关指南或规范。

---

① 所谓关键基础设施，根据2021年4月27日国务院通过的《关键信息基础设施安全保护条例》，是指公共通信和信息服务、能源、交通、水利、金融、公共服务、电子政务、国防科技工业等重要行业和领域的，以及其他一旦遭到破坏、丧失功能或者数据泄露，可能严重危害国家安全、国计民生、公共利益的重要网络设施、信息系统等。

② 近期已出台相关可操作性规范。2021年10月29日，国家互联网信息办公室发布《数据出境安全评估办法（征求意见稿）》，该办法对数据安全评估进行了系统性规定，提出数据出境安全评估应当坚持事前评估和持续监督相结合、风险自评估与安全评估相结合。其中第四条指出“数据处理者向境外提供数据，符合以下情形之一的，应当通过所在地省级网信部门向国家网信部门申报数据出境安全评估：（一）关键信息基础设施的运营者收集和产生的个人信息和重要数据；（二）出境数据中包含重要数据；（三）处理个人信息达到一百万人的个人信息处理者向境外提供个人信息；（四）累计向境外提供超过十万人以上个人信息或者一万人以上敏感个人信息；（五）国家网信部门规定的其他需要申报数据出境安全评估的情形。”

各省市的指南或规范主要面向政务数据和公共数据的分类分级管理，其分类分级原则、分类方法、分级标准、参考标准等基本类似，一般均将数据级别划分为4级，如表8-2所示。下面介绍根据这些指南或规范抽象、总结出的数据分类分级管理的一般设计模式，并简要说明各省市在一般设计模式基础上的创新之处。

表8-2　地方政府数据分类分级管理指南或规范的对比[①]

项　目	贵州省	上海市	湖北省	重庆市	浙江省	北京市	河北省
面向对象	政府数据	公共数据	公共数据	公共数据	公共数据	政务数据	数据资源
分类原则	科学性 稳定性 实用性 扩展性	兼容性 安全性 科学性 需求导向 可操作性 可扩展性	—	科学性 扩展性 关联性	—	—	科学性 稳定性 实用性 扩展性
分类方法	多维度 线分类法	多维度	—	多维度 线分类法	—	—	多维度 线分类法 面分类法
分级原则	自主定级 明确需求	同分类原则	—	自主定级 综合判定 分级管控	略[①]	分级管控 自主定级 综合判定	科学性 实用性 自主性 客观性
分级标准	敏感程度	开放条件	开放条件	影响程度	影响程度 影响范围	影响对象 影响程度 影响范围	影响对象 影响程度 影响范围
数据级数	3	3～4	3～4	4	4	4	5

① 笔者根据贵州省《政府数据　数据分类分级指南》、《重庆市公共数据分类分级指南（试行）》、湖北省《武汉市公共数据资源开放分级分类指南（试行）》《上海市公共数据开放分级分类指南（试行）》、浙江省《数字化改革公共数据分类分级指南》、河北省《雄安新区数据资源分类分级指南》、北京市《政务数据分级与安全保护规范》等公开资料整理得到。

续表

项目	贵州省	上海市	湖北省	重庆市	浙江省	北京市	河北省
分级变更原则	无	无	无	无	有	无	无
参考标准	GB/T 4754-2011GB/T 21063.4-2007GB/T 25069-2010	GB/T 25069-2010GB/T 35273-2020	—	—	GB/T 38667-2020	GB/T 5271.1-2000 GB/T 35273-2020	GB/T 4754-2017GB/T 1063.4-2007GB/T 25069-2010
创新之处	系地方首次	数据反馈要求	首次将有条件开放分为实名认证开放和审核开放	数据全生命周期分级管控要求	数据级别变更	存在一定量化	动态分类分级

1. 地方政府公共数据分类分级管理的一般设计模式

地方政府公共数据分类分级管理面向对象为公共数据。所谓公共数据，即公共管理和服务机构在依法履职过程中产生、采集和制作的，以一定形式记录、保存的各类数据资源。②

对公共数据的分类应当满足以下原则：

其一，科学性。按照公共数据的多维特征及其相互间客观存在的逻辑关联进行科学和系统化的分类。③

---

① 根据浙江省《数字化改革公共数据分类分级指南》，其公共数据分级要求如下：应客观且可被校验，即通过数据自身的属性和分级规则即可判定其分级；公共数据的分级应与其共享、开放的类型、范围、审批和管理要求直接相关；应按照就高从严的原则确定数据级别；应充分考虑数据聚合情况、数据体量、数据时效性、数据脱敏处理等因素；数据集的级别应根据下属数据项的最高级来定级；在多类数据中均出现的“通用数据”，可根据实际内容独立分级；应结合具体应用场景定级。

② 资料来源：《重庆市公共数据分类分级指南（试行）》。

③ 资料来源：同上。

其二，稳定性。分类应以政府数据目录中的各种数据分类方法为基础，并以政府数据最稳定的特征和属性为依据制定分类方案。[①]

其三，实用性。要确保分级结果能够为数据全生命周期的安全策略制定提供有效决策信息，并避免对数据进行过于复杂的分级规划，保证数据分级使用和执行的可行性。[②]

其四，扩展性。数据分类应具有概括性和包容性，能够实现各种类型公共数据的分类以及满足将来可能出现的数据类型。[③]

其五，兼容性。对数据的分类应遵循国家、地方、部门法律法规、相关规定的要求。[④]

对公共数据的分类可以在参考《国民经济行业分类》（GB/T 4754-2011）、《政务信息资源目录体系第 4 部分：政务信息资源分类》（GB/T 21063.4-2007）等国家标准的基础上，考虑对主题、行业、服务等综合使用多维度分类法、线分类法[⑤]以及面分类法[⑥]。以主题为例，采用线分类法对经济管理主题的分类结果如表 8-3 所示。

---

① 资料来源：贵州省《政府数据　数据分类分级指南》。

② 资料来源：《雄安新区数据 资源分类分级指南》。

③ 资料来源：《重庆市公共数据分类分级指南（试行）》。

④ 资料来源：《上海市公共数据开放分级分类指南（试行）》。

⑤ 线分类法也称等级分类法。线分类法按选定的若干属性（或特征）将分类对象逐次地分为若干层级，每个层级又分为若干类目。统一分支的同层级类目之间构成并列关系，不同层级类目之间构成隶属关系。同层级类目互不重复，互不交叉。适用于针对一个类别只选取单一分类维度进行分类的场景。资料来源：百度百科。例如，我国行政区划编码即采用线分类法，6 位数字码。第 1、2 位表示省（自治区、直辖市），第 3、4 位表示地区（市、州、盟），第 5、6 位表示县（市、旗、镇、区）的名称。如：北京市海淀区的行政区划编码：110108.

⑥ 面分类法是将所选定的分类对象，依据其本身固有的各种属性或特征，分成相互之间没有隶属关系即彼此独立的面，每个面都包含了一组类别。将某个面中的一种类别和另外的一个或多个面的一种类别组合在一起，可以组成一个复合类别。面分类法是并行化分类方式，同一层级可有多个分类维度。面分类法适用于对一个类别同时选取多个分类维度进行分类的场景。资料来源：百度百科。以 18 位的身份证号码为例：前 6 位描述办证机关至县一级的空间定位，采用省、市、县的行政区划代码给码；7 至 13 位是描述生辰时序，由办证个人的出生时间给码；最后 4 位至少包括两重含义，一是同县同日出生者的办证顺序，二是性别，第 17 位奇数为男性，偶数为女性。

表 8-3 经济管理主题公共数据分类结果[①]

代码	名　称	代码	名　称
…	…		
2	经济管理		
02A	发展计划	02DA	经贸管理部门与机构
02AA	计划制订部门与机构	02DB	经贸管理法规与公告
02AB	发展计划	02DC	经贸信息
02B	经济管理	02E	统计
02BA	经济管理部门与机构	02EA	统计部门与机构
02BB	经济管理制度与法律法规	02EB	统计制度与法规
02BC	经济管理职能	02EC	统计出版与服务
02C	经济体制改革	02F	物价
02CA	经济体制改革机构	02FA	物价部门与机构
02CB	经济体制改革方案	02FB	物价法律法规
02D	经贸管理	02FC	物价监督与服务
		…	…

对公共数据的分级应当满足以下原则：

其一，自主定级。各级公共管理和服务机构在采集、存储、传输、处理、共享、开放、销毁公共数据等行为之前，应按照本规范对各种类型公共数据进行分级。[②]

其二，综合判定。数据安全等级划分以库表为单位，需结合字段的含义和库表的业务应用场景进行综合判定。[③]

其三，分级管控。各级公共管理和服务机构确定数据等级后，根据数据等级实施分级管控措施，包括共享、开放、数据分发、脱敏处理等。[④]

分级标准可以从数据发生泄露、篡改、丢失或滥用等危害数据安

① 资料节选自：贵州省《政府数据　数据分类分级指南》附录 A 表 A 贵州省政府数据主题分类类目表。

② 资料来源：《重庆市公共数据分类分级指南（试行）》。

③ 资料来源：同上。

④ 资料来源：同上。

全属性的事件发生后的影响对象、影响程度、影响范围等方面进行考虑。影响对象即为党政机关、公共服务机构、其他机构和自然人；影响程度一般分为一般影响、严重影响和特别严重影响；影响范围可划分为较大范围影响和较小范围影响、强可控影响和弱可控影响。[①] 根据该标准，公共数据分级结果如表 8-4 所示。

表 8-4 公共数据分级结果 [②]

数据等级	影响
一级	对党政机关、公共服务机构、其他机构和自然人造成较小范围且强可控的一般影响
	对其他机构和自然人造成较小范围且弱可控的一般影响
	对其他机构造成较大范围且强可控的一般影响
二级	对党政机关、公共服务机构造成较小范围且弱可控的一般影响
	对党政机关、公共服务机构、自然人造成较大范围且强可控的一般影响
	对其他机构、自然人造成较大范围且弱可控的一般影响
	对其他机构、自然人造成较小范围且强可控的严重影响
三级	对党政机关、公共服务机构造成较大范围且弱可控的一般影响
	对党政机关、公共服务机构造成较小范围且强可控的严重影响
	对党政机关、公共服务机构、其他机构、自然人造成较小范围且弱可控的严重影响
	对党政机关、公共服务机构、其他机构、自然人造成较大范围且强可控的严重影响
	对其他机构、自然人造成较大范围且弱可控的严重影响
	对其他机构造成较小范围且强可控的特别严重影响
四级	对党政机关、公共服务机构造成较大范围且弱可控的严重影响
	对党政机关、公共服务机构、自然人造成特别严重影响
	对其他机构造成较小范围且弱可控的特别严重影响
	对其他机构造成较大范围的特别严重影响

公共数据定级流程如图 8-3 所示。首先，先对数据项及数据项集合分别进行定级，为 N_i（i=1，2，…，n）和 M。其中，数据项的级

① 资料来源：北京市《政务数据分级与安全保护规范》。

② 资料来源：同上。

别 N_{max} 为所有数据项级别中的最大者。然后，取数据项级别及数据项集合级别中的最大者作为本数据的最终定级 L。一般地，各省市还会针对公共数据的不同级别设置相应的共享开放要求，如表 8-5 所示。

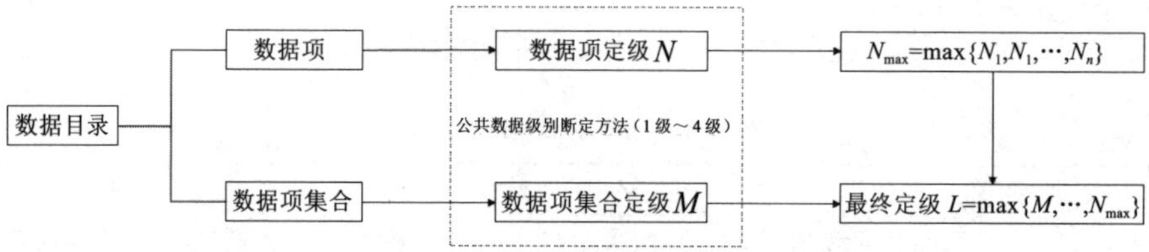

图 8-3　公共数据定级流程[①]

表 8-5　各级公共数据的共享开放要求[②]

级别	共享要求	开放要求
一级	无条件共享	无条件开放
二级	有条件共享	有条件开放
三级	有条件共享	有条件开放
四级	不予共享 / 有条件共享	不予开放 / 有条件开放

2. 地方政府公共数据分类分级管理的创新之处

地方政府的公共数据分类分级管理在遵循以上一般设计模式的基础上，还在分级标准、类别和级别变更、分级管控要求等方面存在一定创新。

在分级标准上，北京市《政务数据分级与安全保护规范》对于影响范围中的影响规模进行了明确量化，如表 8-6 所示，而其他省市的分级标准大多停留在定性层面。

① 笔者根据北京市《政务数据分级与安全保护规范》绘制。

② 资料来源：北京市《政务数据分级与安全保护规范》。注意，表格中的共享开放要求均为原则性要求，若采取不同于原则性要求的共享开放方式，应当有法律、行政法规的规定或者相关政策依据。

表 8-6 影响规模的定义[①]

影响规模	定义
较小范围	数据发生泄露、篡改、丢失或滥用后，影响规模同时满足以下情形： ① 影响党政机关、公共服务机构的数量，不超过 1 个； ② 影响其他机构的数量，不超过 3 个（含 3 个）； ③ 影响自然人的数量，不超过 50 个（含 50 个）
较大范围	数据发生泄露、篡改、丢失或滥用后，影响规模满足以下情形之一： ① 影响党政机关、公共服务机构的数量，超过 1 个； ② 影响其他机构的数量，超过 3 个； ③ 影响自然人的数量，超过 50 个

在数据类别和级别变更上，浙江省《数字化改革公共数据分类分级指南》明确了几种数据级别变更情形，河北省《雄安新区数据资源分类分级指南》则提出了动态分类分级设计。浙江省《数字化改革公共数据分类分级指南》指出数据级别变更的主要因素有聚合、体量、时效、加工等，在进行聚合、加工时，应当考虑对处理后的数据进行重新定级，且在定级时应当将原始数据级别作为考虑因素。当数据的体量和时效发生变化时，有关部门也应当考虑对数据进行重新定级。

《雄安新区数据资源分类分级指南》指出，“根据《雄安新区数据资源目录设计规范》和《雄安新区数据资源目录管理办法》中数据资源标签相关要求，将分类方法中应用属性分类项和等级划分项作为公共标签范畴。根据公共数据资源应用需求，各公共管理和服务机构可提出自定义分类方法，将分类项转化为数据资源标签，并按照数据资源标签管理要求纳入标签管理体系，通过动态打标签和修改标签等技术方式，即可实现数据资源的动态分类分级。”[②]

分级管控方面，上海市和重庆市分别提出了针对不同级别的数据使用反馈要求（如表 8-7 所示）和数据全生命周期管控要求（如表 8-8 所示）。

① 资料来源：北京市《政务数据分级与安全保护规范》。

② 资料来源：《雄安新区数据资源分类分级指南》。

表 8-7 数据使用反馈要求[①]

级别	反 馈 内 容
A1	注明数据来源，定期抽查数据使用情况
A2	注明数据来源，实时日志反馈，定期提交利用报告
B1	注明数据来源，定期抽查数据使用情况
C1	注明数据来源，定期抽查数据使用情况
C2	注明数据来源，实时日志反馈，定期提交利用报告

表 8-8 数据全生命周期分级管控要求[②]

<table>
<tr><th>生命周期</th><th>类 别</th><th>1 级</th><th>2 级</th><th>3 级</th><th>4 级</th></tr>
<tr><td rowspan="5">采集</td><td>待采集数据保护</td><td>—</td><td>—</td><td colspan="2">采取数据访问控制等保护措施</td></tr>
<tr><td>待采集数据留存</td><td>—</td><td colspan="3">不得私自留存</td></tr>
<tr><td>采集账号权限管理</td><td colspan="4">依据权限最小化原则分配采集账号权限，并通过管控实现账号认证和权限分配，不得采集提供服务所必需以外数据</td></tr>
<tr><td>采集设备接入管理</td><td colspan="4">对采集设备 IP 地址、Console、USB 端口访问进行限制，对采集设备接入进行认证鉴权</td></tr>
<tr><td>采集监控告警</td><td colspan="4">记录采集日志，对重复采集、采集异常、传输量超过设定阈值情况进行告警</td></tr>
<tr><td rowspan="3">传输</td><td>数据线下交互过程管控</td><td colspan="4">加强数据线下交互过程管控，对数据线下交互建立审批机制及操作流程，要求对线下交互数据采取加密、脱敏、物理封装等防护手段，防止数据被违规复制、传播、破坏等</td></tr>
<tr><td>网络边界安全防护</td><td colspan="4">在网络边界上针对数据流向做好隔离封堵的限制</td></tr>
<tr><td>数据传输保护</td><td>对传输通道采取合理的加密技术手段，对数据报文实施来源正确性的鉴别处理，能够检测重要数据在传输过程中完整性是否受到破坏</td><td colspan="3">在满足 1 级数据传输保护要求的基础上，还需满足：对于跨安全域的数据传输，应采用加密或其他有效措施实现传输保密性</td></tr>
</table>

① 资料来源：《上海市公共数据开放分级分类指南（试行）》。

② 资料来源：《重庆市公共数据分类分级指南（试行）》。

续表

生命周期	类　别	1 级	2 级	3 级	4 级
存储	数据可用性和完整性保护	—	硬件系统，保证系统高可用性	除满足 2 级要求外，还需满足： 应能够检测重要数据在存储过程中完整性是否受到破坏，并在检测到完整性错误时采取必要的措施； 应采用加密或其他保护措施实现数据存储保密性	除满足 3 级要求外，还须满足：应进行异地灾难备份等措施，提供业务应用的实时无缝切换
处理	账号权限管理	依据权限最小化原则分配账号权限，通过管控技术手段统一实现账号认证和权限分配； 不同用户只能访问与自己职责对应的数据			
	数据分析挖掘要求	统一提供用于分析的数据及平台，分析结果需通过审核后提供； 在数据导入、用户授权、访问控制、模型训练、数据服务接口、数据导出、操作审计等方面制定相应的安全管控措施； 防止数据被恶意删除、随意篡改、无约束的滥用，需要对源数据和挖掘结果进行签识			
	数据查询展现要求	对敏感信息进行对外查询、展现、统计等操作时，必须经过模糊化处理			
	数据下载导出要求	对获取敏感信息和本地下载等敏感操作行为，应进行二次操作审批			
	数据转移要求	对于系统间和后台数据的转移 / 导出行为，应通过管理和技术手段予以严格控制			
	特定要求	—	—	针对数据应用的访问，应进行应用认证和授权处理； 对敏感数据访问应进行模糊化或脱敏处理； 供开发人员使用的测试数据必须经过模糊化处理； 介质中的数据必须进行加密保护	除满足 3 级要求外，还需满足：多人操作管理需要确保单人无法拥有重要数据的完整操作权限

续表

<table>
<tr><th>生命周期</th><th>类　别</th><th>1级</th><th>2级</th><th>3级</th><th>4级</th></tr>
<tr><td>共享</td><td>—</td><td>无条件共享
默认：原始数据
可选：脱敏数据、结果数据</td><td>有条件共享
默认：原始数据
可选：脱敏数据、结果数据</td><td>有条件共享
默认：脱敏数据、结果数据
可选：原始数据</td><td>有条件共享
默认：结果数据</td></tr>
<tr><td>开放</td><td>—</td><td>无条件开放
默认：原始数据
可选：脱敏数据、结果数据</td><td>有条件开放
默认：原始数据
可选：脱敏数据、结果数据</td><td>有条件开放
默认：脱敏数据、结果数据
可选：原始数据</td><td>不予开放</td></tr>
<tr><td rowspan="5">销毁</td><td>存储介质管理</td><td colspan="4">对存储介质进行物理销毁的监督管理措施，确保对销毁的存储介质有登记、审批、交接等</td></tr>
<tr><td>资源回收管理</td><td colspan="4">数据删除后应保证系统内的文件、目录和数据库记录等资源所在的存储空间被释放或在重新分配给其他用户前得到完全清除；
对于逻辑销毁，需要为不同数据的存储方式制定不同的逻辑销毁方法，并确保当数据存在多个副本时，所有副本均被安全地删除</td></tr>
<tr><td>自然人信息数据</td><td colspan="4">涉及自然人敏感信息的应采用可靠技术手段删除敏感信息，确保信息不可还原</td></tr>
<tr><td>销毁日志记录要求</td><td colspan="4">对数据进行销毁时要求对操作过程进行日志记录，建立完善的审计机制并严格执行</td></tr>
<tr><td>特定要求</td><td>—</td><td>删除覆写数据并格式化</td><td colspan="2">删除覆写数据并格式化，然后对磁盘进行消磁</td></tr>
</table>

四、数据分类分级管理的基本现状：部门规章及行业应用层面

2020年以来，工业和信息化部、全国信息安全标准化技术委员会、国家互联网信息办公室等工业领域、信息领域主管部门陆续出台了四部相关领域数据分类分级指南、管理办法等，如表8-9所示。

表 8-9 工业和信息领域的数据分类分级相关文件

文 件 名 称	发 布 时 间
《工业数据分类分级指南（试行）》	2020 年 3 月
《汽车数据安全管理若干规定（试行）》	2021 年 8 月
《工业和信息化领域数据安全管理办法（试行）（征求意见稿）》	2021 年 9 月
《网络安全标准实践指南——数据分级分类指引（征求意见稿）》	2021 年 9 月

《工业数据分类分级指南（试行）》为工业企业和平台企业的工业数据分类提供了参考维度，同时还根据不同类别工业数据遇不利情形、遭非法利用后可能对工业生产、经济效益等带来的潜在影响将其分为三个级别，并详细说明了分级标准及分级管理措施。《工业和信息化领域数据安全管理办法（试行）（征求意见稿）》则从三方面建立了工业、电信行业的数据分类分级保护制度：其一，明确了一般数据、重要数据和核心数据的判定标准；其二，构建了“中央 - 地方 - 企业”三级联动的数据分类分级识别、数据安全保护的工作机制；其三，建立了重要数据、核心数据的全生命周期备案管理制度。

《汽车数据安全管理若干规定（试行）》明确区分了汽车设计、生产、销售、使用、运维等过程中的涉及个人信息、敏感个人信息和重要数据，并规定了汽车数据处理者处理上述三种数据的基本要求，同时还说明了数据存储、数据出境的管理办法。

《网络安全标准实践指南——数据分级分类指引（征求意见稿）》以合法合规、界限明确、就高从严、时效性、自主性为数据分类分级的基本原则，以数据主体作为分类标准，以危害对象、危害程度为分级标准，建立了分类分级标准的基本框架，如图 8-4 所示。此外，该指引还详细说明了个人信息、法人数据和公共数据的识别规则与分类方案。

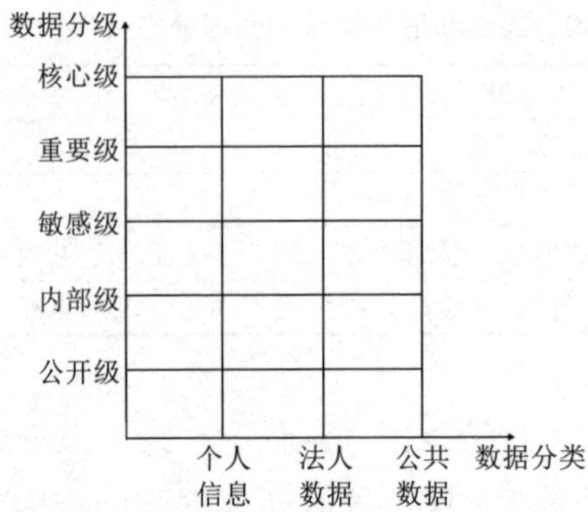

图 8-4 数据分类分级标准的基本框架[①]

行业应用层面，部分协会、企业、行业主管部门等早于相关政府部门，在《数据安全法》等法律出台之前就已开始对数据实行分类分级管理，这些行业主要集中于信息行业和金融行业。早在 2016 年，中国移动通信有限公司便发布了《中国移动大数据安全管控分类分级实施指南》。该指南将数据分为用户身份相关数据（A 类）、用户服务内容数据（B 类）、用户服务衍生数据（C 类）和企业运营管理数据（D 类）等四大类，用户身份和标识信息（A1）、用户网络身份界权信息（A2）、服务内容和资料数据（B1）、用户服务使用数据（C1）、设备信息（C2）、企业管理数据（D1）、业务运营数据（D2）、网络运维数据（D3）、合作伙伴数据（D4）等九小类，按照各级界限明确、就高不就低等原则，将数据分为极敏感级、敏感级、较敏感级、低敏感级等四个级别，并就各级别提出了分级管控的基本要求。

中国证券监督管理委员会于 2018 年即发布了《证券期货业数据分类分级指引》，以系统性、规范性、稳定性、明确性、扩展性为分类原则，以数据性质、重要程度、管理需要、使用需要为分类标准，以线分类法为分类方法，将证券期货业数据按照业务条线进行了分类；以依从性、可执行性、时效性、自主性、合理性、客观性为分级原则，以影响对象、影响范围、影响程度为定级要素，将数据分为四级，同

① 根据《网络安全标准实践指南——数据分级分类指引（征求意见稿）》绘制。

时指出了数据分类分级过程中需要重点考虑的几个因素（如数据体量、数据聚合、数据时效性等），并为数据汇集型会管单位、一般会管单位、行业协会、证券公司、期货公司、基金管理公司提供了数据分类分级模板。

中国人民银行也于2020年先后发布了《个人金融信息保护技术规范》和《金融数据安全数据安全分级指南》。前者将账户信息、鉴别信息、金融交易信息、个人身份信息、财产信息、借贷信息等信息内容纳入个人金融信息范围，并按照敏感程度将这些信息分为C3（用户鉴别信息）、C2（可识别特定个人金融信息主体身份与金融状况的个人金融信息以及用于金融产品与服务的关键信息）、C1（金融业机构内部使用的个人金融信息）三个类别，从生命周期技术、安全运行技术、安全管理等三个方面提出了数据分级保护要求。后者以合法合规性、可执行性、时效性、自主性、差异性、客观性为数据安全定级原则，以影响对象、影响程度为主要定级要素将金融数据分为五级，并提供了定级通用规则、级别变更情形及重要数据识别方法。

此外，医疗健康行业和电力行业也逐渐开始意识到数据分类分级管理的重要性，并陆续开展相应实践、发布相关文件。《信息安全技术健康医疗数据安全指南》将健康医疗数据分为个人属性数据、健康状况数据、医疗应用数据、医疗支付数据、卫生资源数据、公共卫生数据等类别；根据数据重要程度和风险级别以及对个人健康医疗数据主体可能造成的损害以及影响，将数据划分为五级；提出了完全公开共享、受控公开共享、领地公开共享三种共享模式，并说明了医生调阅、临床研究等医疗特殊场景的分级安全措施要点。近期，《深圳供电局有限公司数据资产开放分类分级实施指南（试行）》也已出台。该指南以业务条线总分为思路进行数据分类，将数据分为生产数据、营销数据、管理数据等三大类，生产域、基建域、营销域等11个业务域；以数据安全属性遭到破坏后的影响对象、影响范围、影响程度为标准，将数据划分为五个级别。同时，其设计了原始数据、脱敏数据、标签数据、验真数据和群体数据等五种数据开放形式，这五种开放形式的风险递减，高级别的数据将采用低风险的数据开放形式。

五、总结与展望

不难发现，无论是从中央到地方还是从政界到业界，各级政府、社会各界均对数据分类分级管理达成了基本共识，我国正在形成“中央 - 地方”“行业 - 企业”两大数据分类分级管理规定与实践体系。

需要明确的是，尽管我国的数据分类分级管理体系建设已经初具成效，但是也还存在着定性标准多于定量标准的缺点。以数据分级要素为例，一般的，一旦数据遭到篡改、泄露、破坏将影响的对象、范围和程度是给数据定级的三大要素。然而，纵观上述具体规定，除北京市有关规定为影响范围进行了部分量化外，其余地方政府、有关部门和行业协会均停留在定性描述层面。这很可能会导致不同地方政府、不同部门、不同行业对影响的范围和程度有着不同认识，进而影响数据分级结果，让数据分级趋于主观化，给数据分级带来了操作空间。当然，考虑到评估未发生事件的影响范围、影响程度极为困难，在数据分类分级管理实践初期，定性标准也是可以理解和接受的。但是，若想数据分类分级管理更加科学、稳健、有效，具体标准趋向量化将是数据分类分级管理的必由之路。

第四节　解决之道

保护数据安全与促进数据交易相辅相成，不可囿于其中之一。一方面，保护数据安全为数据顺畅流通提供了合乎规范的技术环境，没有数据安全的保障，就无法生成长期稳定的数据交易通道；另一方面，促进数据交易是承认数据安全保护的经济价值的重要前提，如果数据无法流通，也便失去了交换价值，此时数据安全保护将失去动机，反而助长了数据泄露现象。因此，要想解决数据安全问题，需兼顾数据流通的充分性。

此外，应该意识到数据安全不仅包含隐私安全，还涵盖秩序安全、社会安全和国家安全。隐私安全是近年来普遍谈及的问题，但事实上数据泄露不仅会造成个人隐私受到侵犯，还可能影响数据行业、社会秩序甚至是国家安全。基于上述考虑，我们探讨解决之道时既会涉及个人信息的保护，也会探讨数据交易过程的保护以及国家数据主权的维护。

一、健全数据法律体系，促进数据要素流动

数据安全是数权保护的重要组成部分。对数据安全进行立法是大数据时代的国家战略，也是保障数据合法流通、维护数据主体权益的重要活动。自 1988 年起，美国、欧盟、日本、澳大利亚、新加坡等国家或地区先后颁布了众多数据安全法律法规，如表 8-10 所示。[①]

表 8-10 数据保护发展强国或地区的数据保护法律法规

国家 / 地区	法律法规和部门规章	发布 / 生效年份
美国	《隐私盾协议》	2016
	《加州在线隐私保护法案》	2014
	《联邦隐私法案》	2014
	《数字问责和透明法案》	2014
	《数字政府战略》	2012
	《开放政府指令》	2009
	《加州安全违约告知法律》	2002
	《金融服务现代化法案》	1999
	《健康保险携带和责任法案》	1996
	《联邦贸易委员会法案》	1914

① 资料来源：全国信息安全标准化技术委员会大数据安全标准特别工作组：《大数据安全标准化白皮书(2018 版)》，第 15-16 页，Retrieved from http://www.cesi.cn/201804/3789.html.

续表

国家 / 地区	法律法规和部门规章	发布 / 生效年份
欧盟	《通用数据保护条例》（GDPR）	2018
	《欧盟数据留存指令》	2006
	《隐私与电子通讯指令》	2002
	《欧盟数据保护指令》	1995
日本	《个人信息保护法》修正案	2017
	《个人信息保护法》	2005
	《有关行政机关电子计算机自动化处理个人信息保护法》	1988
澳大利亚	《电信法案》	1997
	《联邦隐私法案》	1988
新加坡	《个人数据保护法令》	2012

美国数据安全立法并不涉及统一的数据保护规范，而是对不同领域进行区分，分别立法保护。在美国数据安全法律法规中，私人数据、隐私数据通过宪法和隐私法进行保护，重要行业和领域单独立法进行保护，一般数据不予立法，而是通过行业自律外加市场调节予以规范，实现了数据多主体参与治理的格局。与美国比较，欧盟更强调运用法律保护数据安全。欧盟竭尽全力制定保护数据安全的标准，要求各成员国的公共机构和私营组织都遵守统一的原则，体现出对个人数据安全的严格、全面的保护。欧盟对于数据流通的态度趋于保守。1995 年，欧盟出台《欧盟数据保护指令》，以制止成员国对私人数据自由流动的限制；1999 年，欧盟委员会出台《互联网上个人私权保护的一般原则》，强调隐私权保护与数据自由流动间的平衡；2018 年，欧盟通过《通用数据保护条例》（GDPR），构建了最严格的数据安全法律保护体系。日本在亚洲国家数据安全立法方面起步较早，以保障公民人格权和财产权为核心，完成了一部规制企业和政府处理私人数据行为的综合性数据保护法。此外，日本借鉴美国实用主义的立法模式，重视行业专门立法、行业自律和市场监管，以追寻私

人数权保护和数据应用发展之间的平衡。关于该思想的实践，最具有代表性的则是1994年日本通产省发布的《有关民间机构计算机处理中的个人信息保护的指南》。但是，该指南不具有法律约束力，仅起指导作用。

我国数据安全立法起步较晚，但充分重视数据安全立法的重要性。2017年6月1日，《中华人民共和国网络安全法》（以下简称《网络安全法》）正式实行。作为我国首部网络安全领域的法律，《网络安全法》在网络数据安全以及网络信息安全方面做出明确规定，为保障数据安全、促进数据流通和捍卫数据主权奠定了法治基础。2017年12月8日，习近平总书记在中共中央政治局就实施国家大数据战略进行第二次学习时指出："要切实保障国家数据安全；要加强关键信息基础设施安全保护，强化国家关键数据资源保护能力，增强数据安全预警和溯源能力；要加强政策、监管、法律的统筹协调，加快法规制度建设；要制定数据资源确权、开放、流通、交易相关制度，完善数据产权保护制度。"[①] 由于《网络安全法》面向范围过广，难以对数据安全进行具体规范，我国又着手拟定《中华人民共和国数据安全法》。2020年6月28日，第十三届全国人大常委会第二十次会议对《中华人民共和国数据安全法（草案）》（以下简称《数据安全法（草案）》）进行审议，并于7月初将《数据安全法（草案）》公布在中国人大网上征求意见。《数据安全法（草案）》第一章第五条指出，"鼓励数据依法合理有效利用，保障数据依法有序流动，促进以数据为关键要素的数字经济发展，增进人民福祉"。第二章第十二条指出，"国家坚持维护数据安全和促进数据开发利用并重，以数据开发利用和产业发展促进数据安全，以数据安全保障数据开发利用和产业发展"。第十七条指出，"国家建立健全数据交易管理制度，规范数据交易行为，培育数据交易市场"。以上条文均体现出国家兼顾数据安全保护

① 参见中国共产党新闻网，《习近平：实施国家大数据战略加快建设数字中国》，2017年12月9日，http://cpc.people.com.cn/n1/2017/1209/c64094-29696290.html.

和数据交易发展的思想。

《数据安全法（草案）》第一章第九条指出，“国家建立健全数据安全协同治理体系，推动有关部门、行业组织、企业、个人等共同参与数据安全保护工作，形成全社会共同维护数据安全和促进发展的良好环境”。可以看出，我国立法亦具有实用主义的特征，与美国的数据安全法规体系颇为相似。我国强调行业自律和市场监督的作用，通过行业协会、同行企业、数据主体的共同监督，形成多主体共同参与的约束模式，促进数据安全。目前，《数据安全法》已于2021年6月10日通过。然而，《数据安全法》仅仅是从相对宏观的角度讨论了数据安全保护制度、数据安全保护义务、政务数据安全与开放等方面的内容。如何进一步细化相关法律条款，推动新法落地实施，如何进一步倡议和组织行业间自主协商，推动各领域出台业内监管条例，形成具有中国特色的全方位、多层次的数据安全法规体系是我国当前数据安全领域的重要问题。

二、研发数据安全技术，完善数据安全标准

法律法规主要为数据安全事故的事后救济提供参考，数据交易事前安全风险的防控以及交易过程中的安全的监督，还要依赖于数据安全技术。哈佛大学讲席教授劳伦斯·莱斯格（Lawrence Lessig，2006）在其著作《代码2.0：网络空间中的法律》（*Code*：*And Other Laws of Cyberspace*，*Version* 2.0）中提出“技术带来的问题应由技术解决”的观点[①]，现今已广为人们所接受。一方面，应着力研发用于数据交易和保障数据安全的技术基础设施，例如区块链、联邦计算、人工智能、数据水印技术等；另一方面，要完善数据安全技术标准，规范技术的应用路径。

《白皮书2018》指出，我国大数据安全技术和平台发展面临诸

① Lessig, L. (2006). *Code: And Other Laws of Cyberspace, Version* 2.0. Lawrence Lessig.

多挑战。[①]首先，传统安全措施难以适配大数据系统，大数据体量大、类型多的特征对数据应用环境和数据安全审计提出了更高的要求。其次，平台安全机制严重不足，现有的开源大数据管理平台和技术都缺乏良好的安全实现，系统漏洞频繁出现。大数据的应用访问控制也更为困难，用户身份鉴别、用户访问控制和用户追踪溯源都面临技术挑战。最后，基础密码技术遭遇瓶颈，数据难以加密传输，易被第三方篡改或删除，给数据的保密性和完整性保护方面带来极大风险。同时，数据安全管理和个人信息保护也面临重大挑战。由于数据的价值愈发受到业界的重视，近年来大数据平台数据泄露的安全事件层出不穷，数据安全保护难度逐渐加大。另一方面，大数据分析能力不断提升，间接加剧了个人信息泄露的风险，即便是进行脱敏后也不能保证完全安全；数据真实性也难以保障，大量虚假、伪造数据流通于数据市场，诱使分析者得出虚假结果，危害应用端。《白皮书2020》则进一步指出在未来的大数据标准化工作中，我们应当完善工作机制，夯实体系建设，加强宣传推广，加大人才培养力度，加快国际化步伐。

区块链、联邦学习等技术的出现为数据安全管理提供了可能的解决方案。区块链去中心化的数据库系统结构是防止数据篡改的绝佳方式，即便数据遭到泄露，也能够快速追责。应用于“非对称加密”和“零知识证明”技术，则为数据的安全传输提供了另一道保险。联邦学习技术是将数据存留在本地、分析在云端的技术，在数据文件不互相交换的情况下，实现数据的价值，是治理数据安全的又一重要技术。另外，数据水印、地址染色等技术的研发，也有助于数据安全的保障。“用技术治理技术”的一大优势在于，能够直接达到保护数据安全的目的，而不会扭曲正规的数据交易市场。

除开发数据保护技术外，数据安全技术标准的完善对于数据保护工作也十分关键。法规制度是技术标准的依据，技术标准是法规制度

① 全国信息安全标准化技术委员会大数据安全标准特别工作组, (2018), 大数据安全标准化白皮书 (2018 版), Retrieved from http://www.cesi.cn/201804/3789.html.

的支撑。制定并完善符合数据应用实际的技术安全标准，能够引导和规范数据安全技术为数据合法交易服务。目前我国与数据安全相关的标准如表 8-11 所示。①

表 8-11　我国数据安全相关标准

标准类型	标准编号	标准名称
国际标准	ISO/IEC 9579:2000	信息技术具有安全增强的 SQL 远程数据库访问
国家标准	GB/T 18391-2009	信息技术元数据注册系统（MDR）
国家标准	GB/T 17859-1999	计算机信息系统安全保护等级划分准则
国家标准	GB/T 22239-2008	信息安全技术信息系统安全等级保护基本要求
国家标准	GB/T 31503-2015	信息安全技术电子文档加密与签名消息语法
国家标准	GB/T 32918-2016	信息安全技术 SM2 椭圆曲线公钥密码算法
国家标准	GB/T 32905-2016	信息安全技术 SM3 密码杂凑算法
国家标准	GB/T 32907-2016	信息安全技术 SM4 分组密码算法
国家标准	GB/T 14258-2003	信息技术自动识别与数据采集技术条码符号印制质量的检验
国家标准	GB/T 28788-2012	公路地理信息数据采集与质量控制
国家标准	GB/T 26237-2010	信息技术生物特征识别数据交换格式
国家标准	GB/T 27912-2011	金融服务生物特征识别安全框架
国家标准	GB/T 20273-2006	信息安全技术数据库管理系统安全技术要求
国家标准	GB/T 20009-2005	信息安全技术数据库管理系统安全评估准则
通信行标	YD/T 2390-2011	通信存储介质（SSD）加密安全技术要求
通信行标	YD/T 2665-2013	通信存储介质（SSD）加密安全测试方法
国家标准	GB/T 17963-2000	信息技术开放系统互连网络层安全协议
国家标准	GB/T 28456-2012	IPSec 协议应用测试规范
国家标准	GB/T 28457-2012	SSL 协议应用测试规范
电子行标	SJ 20951-2005	通用数据加密模块接口要求
通信行标	YD/T 1466-2006	IP 安全协议（IPSec）技术要求
通信行标	YD/T 1467-200	IP 安全协议（IPSec）测试方法
通信行标	YD/T 1468-2006	IP 安全协议（IPSec）穿越网络地址翻译（NAT）技术要求
通信行标	YD/T 2908-2015	基于域名系统（DNS）的 IP 安全协议（IPSec）认证密钥存储技术要求
国家标准 / 国际标准	GB/T 18794-2002 /ISO 10181:1996	信息技术开放系统互连开放系统安全框架

① 资料来源：全国信息安全标准化技术委员会大数据安全标准特别工作组：《大数据安全标准化白皮书(2018 版)》，第 33-34 页，Retrieved from http://www.cesi.cn/201804/3789.html.

由表 8-11 知，目前数据安全标准化工作的重点还是集中在数据收集、数据存储和数据传输等环节，数据使用、共享和销毁等环节的标准化工作还亟待完善。

三、加强数据领域合作，推动数据全球治理

数据主权的捍卫对国家数据安全、网络安全有着重要的意义，但在实践中面临重要挑战。“数据霸权主义”“数据保护主义”和“数据恐怖主义”等时刻威胁着我国数据主权与数据安全。但是，由于数据的高流动性，保持数据主权的绝对独立既不可能，也不现实。这就要求我们在坚守国家尊严和利益底线的前提下，秉持平等互利原则，谋求与他国进行数据主权合作，建立数据主权的共同治理体系。

鉴于国家利益冲突、意识形态对立等因素，各国在数据空间上存在认知分歧、战略分歧和治理分歧。① 认知分歧，是指目前各国对于网络空间的属性问题存在“主权领地说”和“全球公域说”两种完全对立的认知，前者坚持主权的绝对性而后者否认主权的存在性。事实上，无论是绝对化数据主权还是直接否定数据主权的存在，都会带来数据治理问题。战略分歧，是指以美国为代表的西方发达国家主张的网络自由主义与我国倡议的构建“网络空间命运共同体”之间的分歧。网络自由主义只会强化网络和数据空间的霸权，形成强势群体对弱势群体的权力的压迫。治理分歧指的是“多利益攸关方治理”与“多边主义治理”间的分歧。前者呼吁政府不应对网络空间进行过多干预，而是由商业团体、社会组织等多方进行自治，这种模式很容易形成对垄断性数据巨头的保护，不利于打破“数据孤岛”，实现数据流通。表面上看，是对“自下而上”治理方式的支持，实际上难以兼顾“数据弱势群体”的公平性。因而，我们在此倡导充分发挥现代国家能力，“自上而下”对数据空间进行治理，捍卫国家主权，保障数据安全。

---

① 大数据战略重点实验室 . 数权法 2.0：数权的制度建构 [M]. 北京：社会科学文献出版社，2020： 236.

结语　数据发展：机遇与挑战

“这是最好的时代，也是最坏的时代”，查尔斯·狄更斯在《双城记》中如是说，数字经济时代用这句话来做注脚再恰当不过。人们生活生命的一切行迹，大自然的潮起潮落、风起云涌，全球贸易往来、知识流动等都可以被数据记录，数据为构建互联、开放、共享的世界提供无限的可能，“重大的技术变迁不仅意味着一批新产业非同寻常地迅速成长，还意味着在长期内许多‘旧’产业的新生”。[①]可以预见，数据的流通共享是未来产业发展的大趋势。

数据经济具有以下特征：（1）数据是重构全球经济和创新版图、改变国际竞争格局的重要方式。从中美日前的贸易战、高科技领域的各种摩擦（如TikTok、华为等）可以判断，掌握了数据就掌握了权力。因而，掌握数据和运用数据成为国际竞争的战略手段。（2）相较于过去，数字经济时代的数据收集、分析工作具有高科技依附性、隐蔽性和资产布局密集性。例如，核潜艇、卫星、无人机等的数据收集更快、更准确、更隐蔽；数据分析更依赖于技术工具，且数据的匹配度、算力、技术投入与数据价值正相关。此外，数据泄漏渐趋于隐蔽，却无处不在，一枚核潜艇可能默默收集了大量的数据，几份毫不相关的数据集可能匹配出大量不为人知的信息。（3）商业竞争也逐渐演变为“数据的竞争”，掌握了大量核心数据的公司，更易于向横向、纵向、互补向的产业链拓展，从而形成超级平台公司。

大数据时代开启了人类社会发展的新纪元，合理的制度设计成为

---

① 王汉华、刘兴亮、张小平．智能爆照：开启智人信时代 [M]. 北京：机械工业出版社，2015:6-7.

有效的数据交易和共享的保障。但是，大数据的发展、流通也将势必对传统的法律秩序、道德体系和制度建设产生冲击，而且数据资产由于和传统资产有诸多的不同之处，传统的交易和价值衡量等方法显得适用性不足。在这个一定程度上“算法即规则”的时代，社会规则可能会以人工智能的算法来写就和实施。但数据流通和共享本身尚缺乏能够与传统社会生活的伦理道德、生产方式和上层建筑相契合，同时又能最大幅度地促进大数据价值创造的数据资源配置体制机制。这些机制包括但不限于数据权属的合理界定、公平的交易规则和分配机制、合理的技术标准和高效的大数据基础设施等方面。从数据要素市场化角度出发，形成数据的共享责任、技术开发、管理制度和安全保护等各方面的社会治理规则，在保护数据交易安全和数据主体隐私以及促进数据资产的自由流动中显得尤为必要。

总之，数据经济和数字技术的创新必然拓展人类的发展空间，也必将催生新的权利义务、社会关系和制度规范。同时，数据的共享和利用将催生新的经济规律，人类也将进入更璀璨的新文明时代。

作者

2021 年 12 月 8 日